CNNの生英語がわかる「丸暗記いらず」カクシン英文法

EE BOOKS

朝日出版社

関正生＝著

本書の解説およびニュースは月刊英語学習誌『CNN English Express』の記事・音声を基に再編集したものです。
また、人物の肩書きなど、引用したニュースの内容は、放送された当時のものです。

はじめに

本書は、今までの文法書や問題集では味わえない「"CNNニュースを素材にした" 英文法の解説書」です。昔からある「英文法不要論」に対して、ここ数年は「英文法必要論」の声もよく聞くようになりました。しかし、それを主張するのが大学の先生や予備校講師といった人たちばかりなので、世間の人からは「結局は、文法が必要なのって受験とか論文でしょ?」と一刀両断されてしまうのです。

そこで本書では「CNNニュースを聞けるようになる」ためにも英文法が必要だ、ということを証明していきたいと思います。ただし、その英文法の解説はおそらく皆さんの多くが経験した「現在形には不変の真理・習慣・近い未来の用法がある」とか「be toには予定・義務・意図・可能・運命の訳し方があるから覚えよう」とか「1回目に出てきた名詞にはaをつけて、2回目にはtheをつける」といった無味乾燥な文法の規則ではありません。

本書では丸暗記を排除して、英文法が真に意味するところをしっかり解説していきます。それによって大学受験や資格試験の英文は当然ながら、CNNニュースのアンカーが口にする英語の真意を正確につかめるようになることを目指します。

本書は「ニュース英語を理解できるようになりたい」という学習者のための本ですが、さらに以下の思いを抱えている方にも有効だと思います。

- ☑ **高校生のうちから将来を見越して英語を勉強したい難関大受験生**
- ☑ **英語ニュースを聞けるようになりたいが、何から手をつけていいかわからない大学生**
- ☑ **英文法を学び直すと同時に即戦力も磨き上げたい社会人**

高校基礎・英検2級くらいのレベルであれば理解できる内容ですが、現状のレベルよりも「CNNで勉強したい」という思いがあれば大丈夫でしょう。本書の内容は、雑誌連載時から上級者(英検1級取得者など)からも「やっと文法の仕組みがわかった」といった感想をたくさんいただいておりますので、どんな英語学習者でも得るものがあるはずです。

ちなみに本書のタイトルで使われている**「カクシン」**には**「英語の核心・今までとは違う英語の見方としての革新・これでどんな英語であれ通用するという確信」**の意味が込められています。英語教育界では今まで交わることがなかった「英文法とCNNの融合」を楽しみながら皆さんの英語力を高めていってください。

関正生

本書の特長

3段階構成

本書では、CNNの最新ニュースを読み解く実践的な英文法を効率的に学べるよう、必修編、応用編、強化編の3段階構成を採用しています。英語の本質を理解できる丁寧な解説で、苦手と思われやすい・誤解されやすい英文法や語法、個々の単語を、丸暗記することなく理解することができます。

厳選された英文法44テーマ

月刊英語学習誌『CNN English Express』(EE)の大人気連載「関正生の『丸暗記いらず』英文法ゼミ」にて、CNNニュースの英語を文法の観点から分析してきた著者が、「今まさに世界中で報道されているニュースを理解するために役立つ英文法の重要テーマ44項目」を精選しました。ニュース専門チャンネルCNN (Cable News Network) で実際に放送されたニュースリポートから抜粋した例文を掲載しているため、他の参考書や日本のメディアが取り上げない重要な時事問題についても知見を深めることができます。

CNNニュースの音声付録(ダウンロード形式)

各ニュースには、CNNで実際に放送された生音声がついています。英文法の確認はもちろん、語彙力強化やリスニング対策など、目的に応じて音声を活用することができます。詳しくはp.5をご覧ください。

CNNとは?

CNN (Cable News Network) は、1980年に世界初の24時間放送のニュース専門チャンネルとして設立されました。現在CNNブランドのサービスは200以上の国と地域を網羅し、世界20億以上の人々に提供されています。エミー賞やピュリツァー賞を受賞した世界的ジャーナリストがアンカーやリポーターを務め、世界が注目する政治、経済、社会の情報をいち早く届けています。

音声ダウンロードについて

本書で取り上げる英文法44テーマにはそれぞれ、CNNのアンカーやリポーターによる実際のニュース音声がついています。ダウンロード手順は以下をご覧ください。

●スマートフォンやタブレット端末で再生する場合

1

App Storeまたは Google Playで、アプリ「リスニングトレーナー」をインストール（無料）

2

アプリを開き、「コンテンツを追加」をタップ

3

スマートフォンのカメラで右のQRコードを読み取る。読み取れない場合には【13367】を入力し「Done」をタップ

4

My Audioの中に本書が追加されたら、聴きたいセクションをタップ

●PCで再生する場合

下記URLから音声データ（MP3）無料ダウンロードの申請を行ってください。

［申請サイトURL］

https://www.asahipress.com/eng/kakushin

（ブラウザの検索窓ではなく、URL入力窓に入力してください）

【注意】

本書初版第1刷の刊行日（2023年9月10日）より5年を経過した後は、告知なしに上記の申請サイトを削除したりデータの配布をとりやめたりする場合があります。あらかじめご了承ください。

目次

応用編

強化編

まずは押さえておきたい

必修編

1

1 分詞構文の正体とは？（分詞構文を見抜く）

問題集や予備校の授業ではいまだに「分詞構文は硬い表現で、自分では使わないほうがよい」と言われることがあるのですが、実際のところ、CNNニュースには分詞構文が多用されています。

とはいえ、分詞構文はしっかり説明されることが少ないせいか、苦手だという人も多いようです。そこで、これから4項に分けてじっくりと解説していきます。まずは「そもそも分詞構文とは何か？」について理解していきましょう。

❶ 分詞構文は「動副詞」

究極的な答えを最初に言うと、分詞構文とは「副詞の働きをする -ing」のことなんです。英文法に詳しい方はこれで納得でしょう。ピンとこない人は、以下の -ingの働きをまとめて確認してみてください。

-ingが……

◎名詞の働き →「動名詞」

※動詞と名詞がくっついたわかりやすいネーミング

◎形容詞の働き →「分詞」

※動詞と形容詞がくっついた「動形詞」のイメージ

◎副詞の働き →「分詞構文」

※動詞と副詞がくっついた「動副詞」のイメージ

動詞が名詞の働きをする（「～すること」という意味になる）ときは「動名詞」と呼ばれます。これは有名であり、わかりやすい名前がつけられています。

次に、形容詞の働きをするなら「動形詞」と言えばいいのですが、これは文法書では「分詞」と呼ばれます（一応、「動詞から分かれた働きがある詞」ということらしいですが）。

さらに、副詞の働きなら「動副詞」とすればわかりやすいのですが、この場合は「分詞構文」と名付けられたのです。ここで皆さんは分詞構文という名前に引きずられず、「動副詞」というイメージを持つと、品詞から分詞構文を判別できるようになります。それでもまだ「品詞とか苦手」という人は、次の「分詞構文の用途と成り立ち」から理解してみましょう。

❷ 軽い気持ちで「付け足したい」

分詞構文は「文を簡単に補足したい」ときに使われます。1つの英文に、「もう1つ文を付け足したい」ときは、本来「（文をつなぐ）接続詞」を使います。例えば、She felt tired. と She went to bed early. を接続詞 because でつなげると、次のようになります。

Because she felt tired, she went to bed early.
彼女は疲れていたので、早く寝た。

ただ、時には because を使って2つの文の関係をここまでハッキリさせるほどでもなく、もっと軽い感じで文をくっつけたい、ちょっとした補足をしたい、なんてときもあります。そんなときに分詞構文が使われるのです。

分詞構文をつくる3ステップ

① 接続詞を消す
② 主語も消す（主節の主語と同じ場合） ※もし主語が違う場合は「そのまま残す」
③ 動詞を分詞（-ing）に変える ※ being の場合は省略可能

Because she felt tired, she went to bed early.

↓ 接続詞(Because)と主語(she)を消去し、
felt を分詞(feeling)に変える

Feeling tired, she went to bed early.

以上のプロセスを経てできたFeeling tiredが分詞構文なのです。ちなみに受動態の分詞構文(being＋過去分詞)はほとんどいつもbeingが省略されるので、いきなり過去分詞で始まることになります(実例は後ほど)。

❸「副詞」とは「余分なもの」

この書き換えは有名で、どの高校でも必ず習うものです。その際、接続詞が消えることばかりが強調されるのですが、残念ながらポイントはそこではありません。この書き換えの一番大事なポイントは「副詞のカタマリをつくる」ということなのです。

従属接続詞が副詞節をつくる場合、「もとは従属接続詞を使っていた分詞構文も副詞のカタマリになる」ことになります。さっきの例でいえば、Feeling tiredは副詞のカタマリをつくっていることを意識してほしいのです。

「副詞」とは文を構成するのに必須ではない要素、すなわち「余分な要素」ですから、それはつまり、「-ingが副詞の働きをするものが分詞構文」ということがわかります。品詞の話が多くなりますが、ここは必ず意識してください。感覚でやっていては、出合う文によって理解度に差が出ますが、理論で考えれば、毎回必ず分詞構文を判別できるようになります。

以上からわかるように、分詞構文の正体は単に「-ingのカタマリが副詞になって、文をつなげる」ものです。

副詞のカタマリであり、本来は接続詞を使った表現だったと考えることができるのですから、分詞構文自体の「位置」は、英文の文頭、文中、文末、どこにあってもOKということになります。次のEEの英文で確認してみてください。どこが分詞構文かわかりますか?

Powerful tropical storms are a fact of life here. This radar station is Hong Kong's first line of defense against extreme weather. Perched on the city's tallest mountain, it sweeps the skies, detecting precipitation up to 500 kilometers away.

強力な熱帯低気圧(の到来)はこの地域では不可避の現実です。このレーダー基地は極端気象から香港を守る最前線です。香港で最高峰の山の頂(付近)に位置し、空全体を見張り、最大500キロ離れた場所の降雨まで探知します。

[EE 2020年2月号「猛威を振るうスーパー台風 深刻化する『極端気象』の不安」p.70]

Perchedで始まる1文には、分詞構文が2つもくっついています。前にあるのが、Perched...mountainで(本来Being perchedであるところ、Beingが省略されています)、後ろにあるのがdetecting...awayです。

このように、分詞構文は副詞のカタマリだと理解することで、分詞構文を見抜けるようになります。では分詞構文の「意味」は何なのか？　それは次項で、じっくり解説したいと思います。

学んだことを生かしてCNNニュースを読み解こう ▶

CNNニュースで力試し！

近年、地球温暖化の影響で、超大型台風の発生数が増加傾向にある。香港の気象学者たちは、香港天文台という天体観測施設で、「ドップラー気象レーダー」という技術を駆使し、異常気象を予報するための研究を重ねてきた。

Powerful tropical storms are a fact of life here. This radar station is Hong Kong's first line of defense against extreme weather. Perched on the city's tallest mountain, it sweeps the skies, detecting precipitation up to 500 kilometers away.

This is what the radar station looks like on the inside. And normally, if I wasn't here, this giant antenna dish would be spinning quickly, completing a 360-degree rotation in under 40 seconds.

[EE 2020年2月号「猛威を振るうスーパー台風 深刻化する「極端気象」の不安」p.70]

☐ tropical storm	熱帯性暴風雨、熱帯性低気圧
☐ a fact of life	(好ましくないが)避けられない事実
☐ radar station	レーダー基地
☐ (the) first line of defense against	～に対する防御の最前線
☐ extreme weather	極端気象
☐ (be) perched on	〈建物などが〉(高いところに)建っている、ある
☐ sweep	(場所や範囲を)徹底的に捜す
☐ precipitation	降水、雨や雪が降ること
☐ antenna dish	パラボラアンテナ

和訳

強力な熱帯低気圧(の到来)はこの地域では不可避の現実です。このレーダー基地は極端気象から香港を守る最前線です。香港で最高峰の山の頂(付近)に位置し、空全体を見張り、最大500キロ離れた場所の降雨まで探知します。

これがレーダー基地の内部です。通常、私がここにいなければ、この巨大なパラボラアンテナは高速で回転しています、360度回転を40秒足らずのスピードで。

「香港天文台」(上)は、天体観測施設であると同時に、日本の気象庁的役割を担う香港政府機関だ。設備の中でも異常気象を予報することに特化した「ドップラー気象レーダー」(右)とその内部(下)

2 分詞構文の正体とは？（訳し方なんて5つも必要ない！）

前項で、分詞構文とは「動副詞」であることを説明しました。「-ingが副詞のカタマリをつくるときが分詞構文」と考えるのでしたね。副詞とはあくまで「余分な要素」で、「主節となるSVがきっちりあって、その前後や間に割り込む-ingのカタマリを分詞構文と考える」というお話でした。

また、分詞構文は本来「ある文に、もう1つの文を付け足したい」ということが出発点で、まずは接続詞を使った文があり、それが簡略化され、分詞構文になるというプロセスも確認しました。この「もう1つの文を簡単にくっつけたもの」という根本さえ押さえてしまえば、分詞構文の意味を考えるときも、「なんとなくつながりが良い感じ」で文に付け足してしまえばそれで解決とも言えるんです。

「それって、ただのテクニックでは？」と思う人もいるでしょう。でも、分詞構文の真の姿は、わりと「適当」なんです。becauseなどの接続詞を使えば、2つの文の論理関係をハッキリ示せるわけですが、それを消してしまったのが分詞構文なので、意味も「軽く（適当に）」つなげるのが理想なのです。EEの英文で確認してみましょう。

Pope Francis held Mass in Japan earlier, calling for peace and an end to nuclear weapons.

ローマ教皇フランシスコは先ほど日本でミサを執り行い、平和と核兵器廃絶を訴えた。

［EE 2020年2月号「ローマ教皇、38年ぶりに来日」p.92］

下線部が分詞構文です。「ミサを執り行った」に「～を訴えた」とくっつければ、それで意味も理解できるでしょう。

従来の教え方（5つの訳し方）

さて、「これで分詞構文はもうバッチリ！」と考えてもOKですが、「もうちょっと厳密に知りたい」という人や、「参考書にはたくさんの訳し方が載っているけど、あれは何なのか？」と思う人も多いはずです。

そこで、分詞構文の意味はどう考えるべきか、僕なりの考え方を解説していきたいと思います。まずは従来の参考書にある内容を見てください。分詞構文には5つの訳し方があるとされています。

従来の英文法：分詞構文のいろいろな訳し方

(1) 時	「～する時」「～して」
(2) 原因・理由	「～なので」
(3) 条件	「もし～すれば」
(4) 譲歩	「～だけれども」
(5) 付帯状況	「そして～」「～しながら」

5つの訳し方を丸暗記すること自体も苦痛ですが、仮にそれを覚えたとしても、CNNのニュースで分詞構文が出てくるたびに「どの訳し方を当てはめればいいのかな？」なんて考えることは現実的ではありません。

位置によって意味が決まる！

実は、分詞構文の意味は「位置によって決まる」ことが多いのです。しかも実際に覚えるべき意味は2つしかありません。

分詞構文は、もともと従属接続詞を使った副詞節から変形したものと考えれば、ifやbecauseなどと同じ位置、つまり主節の前や後ろによくくるとわかりますし、たまに文中にくることもあるとわかるでしょう。

分詞構文の「意味」

① 文頭【前にある】	-ing ～, S V.	適当に訳す
② 文中【真ん中にある】	S, -ing ～, V.	適当に訳す
③ 文末【後ろにある】	S V(,) -ing ～.	「そして」か「～しながら」で訳す

上記の①前にあるときと、②真ん中にあるときは、メインの文に「適当な意味」でつなげればOKです。つまり、分詞構文と主節の関係を考えて「適切な訳」を自分で考えていいということです。判断する時間がないときや、とりあえず意味を理解したいときの手っ取り早い方法としては、「て・で」という日本語を使うと便利です。「…して、SVだ」「…で、SVだ」のようにすると、文の意味の大半は理解できます(この「て・で」を、日本語の文法では接続助詞といいますが、「2つの文の意味を適当につなぐ」という点で、分詞構文とそっくりです)。言うまでもなく、自分に都合の良いように勝手に和訳をでっちあげるということではなく、文脈からその英文の書き手が言わんとしていることを考える、ということです。もともとは2つの英文がくっついたわけですから、2つの文をつなぐことだけを考えればいいのです。EEの英文で確認してみましょう。

Called the lungs of the earth, the Amazon is the world's largest rainforest and one of the most biologically diverse places on the planet.

「地球の肺」と呼ばれているアマゾンは、世界最大の熱帯雨林であり、地球で最も生物学的に多様性に富んだ場所の1つです。

[EE 2019年12月号「歴史的勝訴! 先祖の土地を森林破壊から守ったアマゾン先住民」p.65]

本来はBeing called...で、Beingが省略された分詞構文です。もちろん「自然な和訳」ということになれば、上記のように「～と呼ばれているアマゾンは」と工夫するのがベストですが、ニュース英語のスピードの中で文の意味を確実に取ることを考えれば、「～と呼ばれて(いて)、アマゾンは」くらいで十分ですね。

後ろに来たときは「そして」か「～しながら」

ただし、③後ろにある場合には少しだけ注意が必要です。分詞構文が後ろに来る場合は、メインの英文に「補足的に説明を付け足す」イメージで考えるのが適当で、その場合の適切な訳し方は「そして」か「～しながら」となることが多いです（絶対ではありませんが、とても大切な意味なので、ここは意識しておいてください）。「SVだ。そして…だ」または「…しながら、SVだ」となります。

また、この2つの意味は、どちらを使ってもOKということがほとんどです。参考までに、文法書をお持ちの方は、そこに書いてある例文の分詞構文の位置に注目してみてください。「そして／～しながら」で訳す例文は、分詞構文が後ろに来ているかと思います（もちろんいろいろな本があるので、必ずしもそうなっているとは限りませんが、そうなっている本が驚くほど多いはずです）。もう一例、見てみましょう。

And, oh, that was after he climbed a rope equivalent to the height of Mt. Everest and ran a marathon pulling a car.

そして、そうだ、それ以前には、エベレスト山の高さと同じ（長さの）ロープを登ったことも、自動車を引っ張りながらマラソンを完走したこともある。

［EE 2019年2月号「イギリス本島沿岸を陸に上がらず泳いで一周」p.35］

今回は「～しながら」という訳がきわめて自然です。実際、EEの和訳も「引っ張りながら」となっていますね。

分詞構文の成り立ちと訳し方がわかったところで、次項では応用編に進みます。

学んだことを生かしてCNNニュースを読み解こう ▶

CNNニュースで力試し！ 2

ロス・エッジリー氏は、グレートブリテン島の周りを泳いで一周した。その間、一度も陸には上がらず、夜は随行していた船で眠ったという。彼はその他にも、数々の超人的な記録を打ち立ててきた。

Jellyfish, salt water, powerful currents and almost 3,000 kilometers of open water—but this British adventurer would not be stopped. Thirty-three-year-old Ross Edgley emerged from the sea at Margate, England, Sunday, to become the first person to swim around Britain. Edgley spent five months swimming up to 12 hours a day to complete the 2,800-kilometer feat. And, oh, that was after he climbed a rope equivalent to the height of Mt. Everest and ran a marathon pulling a car. Really? Is he human?

[EE 2019年2月号「イギリス本島沿岸を陸に上がらず泳いで一周」p.35]

□ **jellyfish**	クラゲ
□ **current**	潮流、海流
□ **open water**	開放水域
□ **adventurer**	冒険家
□ **emerge from the sea**	海から(陸へ)上がる
□ **Margate**	マーゲイト　▶イングランド南東部の港町。
□ **Britain**	＝Great Britain　グレートブリテン島
□ **feat**	偉業
□ **equivalent to**	〜と同等の

和訳

クラゲ、海水、強い潮流、そしてほぼ3000キロメートルの開放水域――だが、このイギリス人の冒険家はくじけなかった。33歳のロス・エッジリーさんはイングランドのマーゲイトで、海から（陸に）上がり、日曜日、ブリテン島の周りを泳いで一周した初めての人物となった。エッジリーさんは5カ月かけて1日に最長12時間泳いでこの2800キロに及ぶ偉業を達成した。そして、そうだ、それ以前に、エベレスト山の高さと同じ（長さの）ロープを登ったことも、自動車を引っ張りながらマラソン（の距離）を完走したこともある。ほんと？ 彼って人間なの？

エッジリーさんはこれまでにも超人的な記録を打ち立てており、2016年には1.4トンの車を引っ張りながらフルマラソンを19.5時間で完走。同年、8848メートル（＝エベレストの高さ）のロープを19時間かけて登り切った

3 分詞構文の正体とは？（分詞構文の応用）

ここからは分詞構文の応用に入っていきます。今回は文法書ではやや発展的として扱われている内容、次項では文法書でも説明されていない内容に触れていきます。まず今回取り上げる形を含むEEの文を読んでみましょう。

Mr. Trump wrapped up a private set of talks with the North Korean leader at the Korean Demilitarized Zone, the president saying the two leaders agreed to restart talks after the nuclear negotiations had stalled.

トランプ氏は、朝鮮半島の非武装地帯での北朝鮮のリーダーとの一連の非公開の会談を終えた。大統領いわく、核交渉が行き詰まっていたことを受けて両首脳は会談を再開することで合意した。

[EE 2019年10月号「現職米大統領として初、板門店で米朝首脳会談」p.29]

いかがでしょうか、文構造が把握できたでしょうか？　ポイントとなるのは、文の真ん中のthe president saying...です。このsaying...が分詞構文となるわけですが、その前にあるthe presidentは何でしょうか？　間違っても、sayingが分詞で、後ろからthe presidentを修飾しているなんて考えてはいけないのです（そう考えると、文末に名詞句the president...stalled がポツンと置かれた、いびつな英文になってしまいます）。

大学入試の問題で基本を確認

上で挙げた文の解説をする前に、まずは分詞構文の基本を入試問題で確認してみましょう。空所に適するものを選択肢から選んでください。

問 (　　　) from this angle, the doll looks more attractive.

1. On viewing　　2. To view　　3. Viewed　　4. Viewing

［青山学院大学の入試問題より］

解説

英文の意味をなんとなく予想して、「この角度から見れば」となりそうだから、「見る」という能動になっている分詞構文の、4. Viewingかな、なんて考える受験生をひっかける問題です。

主節の主語はthe dollですから、空所に入る分詞構文にも同じ主語があったと考えるのがセオリーです。当然、the dollは「(私たちから)見られる」という受動の関係になっているので、the doll being viewedというのが本来の形です。そこから、主語のthe dollとbeingが省略された分詞構文の形として正しいのが、3. Viewedです。「日本語訳」からではなく、「分詞構文の本来の成り立ち」から考えなければならない問題です。分詞構文は主語を意識することが大事だということを教えてくれる、非常に良い問題です。

余談ですが、僕の予備校講師の経験から言うと、この問題はちょうど青山学院大学(や明治大学などの有名私大)レベルの問題です。この問題をサッと解くことができれば、「文法の習得は順調だな」と判断しますし、ミスした場合は、必ず基礎から再確認するように指導しています。

主語が違うときは？

分詞構文をつくるときは「主節の主語と同じ」場合が原則ですが、「主節の主語と違うとき」だけは、分詞構文の主語を消してしまうと意味不明になるので、そのまま主語を残します(独立分詞構文)。

Because the rain began to fall, Haruto entered the café.

↓ ↓ ↓

× **The rain beginning to fall, Haruto entered the café.**

雨が降り始めたので、ハルトはそのカフェに入った

主節の主語はHarutoですから、分詞構文の主語the rainを消すわけにはいきません。その場合、the rainをそのまま残すわけです。その結果、“主語＋-ing”という形の分詞構文になります。

冒頭の英文のthe president saying...は、まさにthe presidentを主語とした分詞構文なのです。他の例も見てみましょう。

A staggering 17,000 survivors came forward, nearly 8,000 of them sharing their stories of abuse, abuse hidden for decades by churches, schools, charities—the very institutions trusted to protect children.

驚くことに1万7000人もの被害者が名乗り出て、そのうち8000人近くが自身の受けた虐待について語りました。その虐待を何十年も隠してきたのは、教会や学校や慈善団体――まさに子どもたちを守ってくれると信頼されていた組織です。

[EE 2019年2月号「豪の教会・学校で児童性的虐待が多発 首相が被害者に公式謝罪」p.73]

下線部に注目してください。nearly 8,000 of them がsharingの主語となり、その全体が分詞構文を形成しているわけです。

ちなみにこの分詞構文は「後ろ」にあるので、「そして／～しながら」と考えるとよいと前項で解説しましたね。「真ん中」にあるように見えますが「主語の後ろ」です。abuse hidden...は直前のabuseを説明しているにすぎません。このニュースでも注釈として、「分詞構文で、and nearly 8,000 of them shared...ということ」と書かれていました。皆さんには、この解説で “and” が出てくることが、よりリアルに感じられるのではないでしょうか。

最後にもう一例。まったく同じ発想で解釈できますよ。

And the breaking news is the far-right candidate Jair Bolsonaro has won Brazil's presidential race, the nation's supreme electoral tribunal declaring Bolsonaro the winner within the last 30 minutes.

たった今入ってきたニュースだ。ブラジルの大統領選で極右候補ジャイル・ボルソナロ氏が勝利した。同国の最高選挙裁判所がボルソナロ氏が勝者であることを宣言してからまだ30分もたっていない。

[EE 2019年2月号「ブラジル大統領選、極右ボルソナロ氏が当選」p.38]

declaring...に、the nation's supreme electoral tribunalという主語がくっついて分詞構文を形成していますね。このニュースの解説にも「And the nation's...tribunal declared...ということ」と書かれていました。英語を理解している人の共通の感覚なのでしょうね。

この"主語＋-ing"という形の分詞構文は、文法書に載っているとはいえ、世間では「細かい用法であまり使わない」とか「話し言葉では出てこない」と考える人も少なくないのですが、このようにCNNでも見かける、実践的で重要な文法事項なのです。

学んだことを生かしてCNNニュースを読み解こう ▶

【p.23の問題の正解と和訳】
正解：3　和訳：この角度から見ると、その人形はもっと素敵に見える。

CNNニュースで力試し！ 3

2018年10月、オーストラリアのモリソン首相が、同国で長年続いた児童性的虐待について、国を代表して被害者に公式に謝罪した。5年に及ぶ調査で1万7000人の被害者が名乗り出て、そのうち8000人近くが自身の受けた虐待について証言。虐待していたのは、教会や学校など子どもたちを守るべき組織だった。オーストラリア政府は被害者に補償金を支払うとしている。

This long-awaited apology comes after a five-year royal-commission study. The report shocked Australia. A staggering 17,000 survivors came forward, nearly 8,000 of them sharing their stories of abuse, abuse hidden for decades by churches, schools, charities—the very institutions trusted to protect children.

Some survivors and their families heckled the prime minister, angry about the lack of speed and limited scope of assistance.

[EE 2019年2月号「豪の教会・学校で児童性的虐待が多発 首相が被害者に公式謝罪」p.73]

□ long-awaited	長く待ち望んでいた、待ちに待った
□ apology	謝罪、お詫び
□ royal-commission	王立委員会の
□ staggering	驚異的な
□ come forward	名乗り出る
□ share	～を伝える
□ abuse	虐待
□ hide	～を隠す、隠蔽（いんぺい）する
□ charity	慈善団体
□ very	まさにその、ちょうどその
□ institution	機関、組織
□ heckle	～にやじを飛ばす
□ limited scope	限定された範囲

和訳

この長く待ち望まれていた謝罪は、5年に及ぶ王立委員会の調査を受けて行われたものです。調査報告書はオーストラリアに衝撃を与えました。驚くことに1万7000人もの被害者が名乗り出て、そのうち8000人近くが自身の受けた虐待について語りました。その虐待を何十年も隠してきたのは、教会や学校や慈善団体――まさに子どもたちを守ってくれると信頼されていた組織です。

被害者やその家族の中には、首相にやじを飛ばす人たちもいました。対応の遅さと援助の範囲が限られていることに腹を立てたのです。

リポートするウィル・リプリー記者(左)。子どものころに性的虐待を受けた被害者やその家族(右)の中には、政府の対応の遅さや援助の範囲が限られていることに怒りを感じている人たちもいる

4 分詞構文の正体とは？（文法書でも説明されない用法）

さらに分詞構文の世界を深めていきたいと思います。分詞構文の説明に4項も使うなんて我ながらしつこいとは思いますが、ここで妥協せず、分詞構文の完璧な理解を目指しましょう。

まずは前項までの復習も兼ねて、EEに登場した文を見てみましょう。分詞構文の例など、EEではいくらでも見つかるのですが、ここではなんと、短い文章の中に3つも分詞構文が使われているのです。

The teacher and lecturer from London began his journey in April. Starting in Santa Monica, California, he plans to dance all the way to New York. But working full-time, Hammond can only progress during summer holidays, making this a long-term endurance dancing feat.

ロンドンからやってきた教師にして講師の彼は、4月にこの行脚を始めました。カリフォルニア州サンタモニカを起点として、はるばるニューヨークまで踊る計画です。ただし、フルタイムで働いているため、ハモンドさんが先へ進めるのは夏季休暇中に限られていることから、これは長期戦の耐久ダンス行脚になります。

[EE 2019年2月号「『奴隷制度撲滅』を訴え、現役教師が踊りながらアメリカ横断へ」p.54]

pp.16-21で解説した通り、分詞構文は「位置によって意味が決まる」ので、まずは分詞構文の位置を把握してください。例文では分詞構文が「前にあるパターン（適当に訳す）」が2カ所、「後ろにあるパターン（「そして」か「～しながら」で訳す）」が1カ所ですね。

最初の分詞構文Starting...CaliforniaはEEでも「起点として」と訳されています。2つ目の分詞構文working fulltimeは「フルタイムで働いて/働いているので」くらいに意味を取れますね。最後の分詞構文making...featは後ろにあるので、「そして〜」と考えればとりあえずはOKです(厳密な考え方は後述します)。

大学入試の問題にトライ!

さて、これで分詞構文の意味で困ることはほとんどなくなるはずですが、さらにマニアックな領域にまで足を踏み入れてもらいたいと思います。その解説の前に1問、大学入試の問題にトライしてみてください。

入試のレベルを少し超えた問題です。空所に適する語句を、選択肢から1つ選んでください。

問 I know I missed the first week of school, but (　　　) to visit Bali all my life, this was a chance I simply could not pass up.

1. being wanting　2. have wanted　3. having wanted　4. wanted

[慶應義塾大学の入試問題より]

解説

but以降の主節はthis was...です。なのでまずは、主語のthisと選択肢で使われているwantの関係を考えるわけですが、そもそもthisがwantの主語になること自体、無理がありますよね。とはいえ、全ての選択肢にwantが使われているので、そこには目をつぶるしかないようです。意味から考えて、3. having wantedを選べば正解です(2や4を選ぶと、ここに動詞があるだけで、その後のthis was...という主節とのつながりが文構造上許されないので除外します。また、通常wantは進行形にしない、いわゆる「状態動詞」なので、1で使われているbe wantingの形は不適切です)。つまり、ここでは分詞構文の意味上の主語がIになっていると考えざるをえないわけです。

「前の内容」を主語にする分詞構文

この問題は分詞構文の基本から考えていくと、真っ当な受験生が悩んでしまう問題なので、個人的にはあまり良い出題とは思えませんが、確かにこういう文もよくあるから知っておくべきだという考え方もできます。

「主語が一般の人の場合」や「主語が文脈から確実にわかる場合」では、このように主節の主語と分詞構文の主語が異なることがあるのが現実です。分詞構文の構造上、矛盾はしているのですが、そこまで厳密に構造が守られるわけではないのも事実。こんなところにも分詞構文の適当さが表れているとも言えますね。

さて、ここまでの内容は、分厚い文法書を読めば書いてあります(興味のある方は「分詞構文の意味上の主語(の省略)」などをキーワードに索引から探してみてください)。

これに関連して、もう1つ知っておいてほしいことがあるのですが、それについて書いてある文法書はかなり限られるので、ここで解説します。実は分詞構文の中には、「『主節の文の内容』が分詞構文の主語になるパターン」もあるのです。EEの例で確認してみましょう。

Drug-resistant strains of malaria are spreading across Southeast Asia, raising fears of a potential global health emergency.

薬剤耐性のあるマラリアの病原菌が東南アジア全域に広がり、世界規模の保健緊急事態の可能性に対する懸念をかき立てている。

[EE 2019年11月号「薬剤耐性マラリアが感染拡大」p.38]

raising fears... が分詞構文です。主節の主語はDrug-resistant strains of malariaですが、これ自体がraising fears をするというより、むしろここでは「主節の内容(Drug-resistant strains of malariaが東南アジア全域に広まっていること)が心配を引き起こしている」と考えるべきなのです。

このように、「その結果どうなったか」を付け足すときに、この用法がよく使われます。よくあるパターンとしては、SV, leading to...「SVだ。そしてそのSVの結果…になる」などの形があります。

そして、実は冒頭で見た例文のmaking...という分詞構文もこのパターンなのです。この文の主語はHammondですが、Hammond makes...という関係ではなく、あくまで“Hammondが夏休みの間にしか進めないこと” makes...と考える方が文の意味は圧倒的に自然なのです。

ここまで知っている、または考える人はほとんどいないのですが、CNNニュースでもよく見かける用法なので、知っておいて損はないですよ。

学んだことを生かしてCNNニュースを読み解こう ▶

【p.29の問題の正解と和訳】
正解：3　和訳：最初の1週間、学校に行けなかったのはわかってるんだけど、ずっとバリに行きたかったから、今回は逃すわけにはいかないチャンスだったんだよ。

CNNニュースで力試し！

東南アジア全土で薬剤耐性のあるマラリアの感染が拡大し、世界規模の保健緊急事態が懸念されている。

Drug-resistant strains of malaria are spreading across Southeast Asia, raising fears of a potential global health emergency. Two new studies have found the failure rate for the top two drugs used to treat Asian malaria skyrocketing across Thailand, Cambodia, Laos and Vietnam. Researchers are urging countries to adopt alternative treatments. Nearly half a million people around the world die of malaria each year. It is transmitted by mosquitoes.

[EE 2019年11月号「薬剤耐性マラリアが感染拡大」p.38]

□ **drug-resistant**	薬物耐性を持つ
□ **strain**	菌株
□ **malaria**	マラリア
□ **raise a fear**	懸念を引き起こす
□ **failure rate**	失敗率
□ **skyrocket**	急上昇する
□ **urge...to do**	…に～するよう促す
□ **adopt**	～を採用する、導入する
□ **alternative**	代わりの
□ **transmit**	(病気などを)伝染させる
□ **mosquito**	蚊

和訳

　薬剤耐性のあるマラリアの病原菌が東南アジア全域に広がり、世界規模の保健緊急事態の可能性に対する懸念をかき立てている。２つの新たな研究は、アジアマラリアの治療に最もよく使われている２つの薬剤の失敗率が、タイ、カンボジア、ラオス、ベトナム全土で急上昇していると結論づけた。研究者らは異なる治療法を採用するように各国に促している。毎年、世界中で50万人近くの人がマラリアで亡くなっている。それ（マラリア）は蚊によって媒介される。

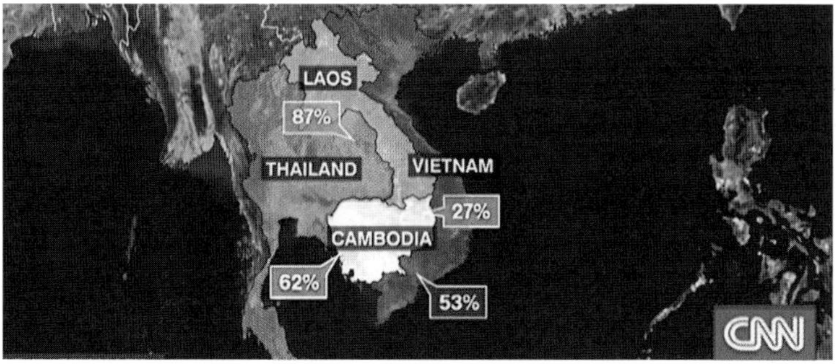

リポートは医学誌『ランセット』に掲載の報告に基づくもの。東南アジアでマラリアの治療薬として普及している「DHAPPQ」の効かない割合が急増。特にタイ北東部の症例数の87%、カンボジア西部の62%が同薬剤に対する耐性を持っていた

5 CNNでも多用される「倒置」(その1)

倒置には2種類ある

倒置はまるで受験英語だけに使われるように思われたり、文法書ではマイナーな扱いを受けていたりしていますが、実はCNNニュースでは頻繁に出てくるので、完璧に理解していただきたい文法事項です。そもそも倒置とは通常の語順とは違った順番になることですが、倒置には大きく分けて2種類あるので、そこから整理していきましょう。

倒置の全体像(2種類の倒置)

任意倒置:語句の順番が入れ替わるだけ(文型ごとにパターンが決まっている)
強制倒置:文頭に否定語がきたとき、疑問文の語順になる

大学受験の文法問題集に必ず出てくるのは強制倒置の方で、Not until later did it occur to her that something was wrong.「後になって初めて、何かがおかしいと彼女は思った」といった英文に見覚えがある人もいるでしょう。しかしCNNを聞いていると、頻繁に出てくるのは任意倒置の方です。

「任意倒置」にはパターンがある

「任意倒置」は文型ごとにパターンが決まっています。

● 任意倒置:文型ごとのパターン

第1文型	SVM ➡ MVS	Mが前に出て、SVが入れ替わる
第2文型	SVC ➡ CVS	S=Cの左右が入れ替わるだけ
第3文型	SVO ➡ OSV	Oが先頭に出るだけ
第4文型	SVOO ➡ OSVO	Oが先頭に出るだけ
第5文型	SVOC ➡ OSVC	Oが先頭に出るだけ
	➡ SVCO	O=Cの左右が入れ替わるだけ

※S:主語 V:動詞 M:修飾語 C:補語 O:目的語

まずは第1～3文型の倒置をEEに出てきた英文で確認してみましょう。

Now comes word of possible alien life on Venus.

今度は地球外生命が金星に存在する可能性があるというニュースが届いた。

[EE 2021年1月号「史上最大級の発見!? 金星に生命の兆候示す気体」p.35]

この英文はMVSの形になっています。word...Venusが主語で、comesが動詞です。「次にやってきたのは(入ってきたニュースは)」と始める感じです。

At issue is the fee the tech giants collect for app-store purchases, and the policy of not allowing in-game payments directly to the game maker.

争点となっているのは、アプリストアで購入する際にアップルとグーグルが請求する決済手数料、さらにゲーム内での(ゲームメーカーに)直接支払われる課金を認めないという(アップルとグーグルの)方針だ。

[EE 2020年12月号「大人気ゲームが配信停止 開発会社とハイテク大手が大バトル」p.27]

この英文はCVSの形です。「MVSでは?」と疑問に思う方もいると思いますが、厳密に言えば、be at issue「問題になっている」のat issueはbeの補語になっているので、これはCVSの形です(ここはあまりこだわらなくて大丈夫ですが、疑問に思う方もいると思うので念のため)。

大事なことは、the fee...makerが主語で、isが動詞だと理解することです。ちなみに主語はandで結ばれた2つの要素があるので、本来は、動詞はisでなくてareとすべきなのですが、文の始まりにおいて、特に口語ではこういったことはよくあります。ここでも「問題となっているのは」と文を始めているわけです。

倒置によって、どこが強調されるのか？

任意倒置に関しては誤解が横行しています。大学受験生に聞いてみると、「倒置では前に出たものが強調される」と習った人が大半を占めます。しかし実際には、前に出たものが強調されるのではなく、後ろに回った語句が強調されるのです。

先ほどの例文をもう一度見てみましょう。p.35の例文で、ニュースの視聴者に新しい情報として提示されているのは、前に出てきたNowではなく、後ろに回ったword...Venusですね。また、同じくp.35のアプリストアに関するニュースの英文でも、新しい情報はAt issueではなく、the fee...makerの部分です。伝えたい情報を強調するわけですから、後ろに回った語句が強調されると考える方が自然でしょう。

冒頭で、CNNでは倒置がよく使われると触れましたが、その典型例とも言えるのが次の文です。

Joining us now are the founders of the Chan Zuckerberg Initiative, Dr. Priscilla Chan, a pediatrician, and her husband, Facebook's Mark Zuckerberg.

次にお招きするのは、「チャン・ザッカーバーグ・イニシアティブ」(CZI)の創設者である、小児科医のプリシラ・チャン医師と、彼女の夫であるフェイスブックのマーク・ザッカーバーグ氏です。

[EE 2020年7月号「バイデン候補、ザッカーバーグ夫妻が登場 コロナ危機にどう立ち向かうか」p.105]

“Joining us is 人” の形は、本来 “人 is joining us” の倒置(CVS)で、ホスト役の決まり文句なのです(joining usを「状態」と考えてC扱い)。ちなみにここではゲストが2人なので、きっちりとJoining us now are...とareが使われています。

倒置の全体像とMVS、CVSの確認でしたが、次項は残りのOSVなどに触れ、さらに倒置の理解を深めていきたいと思います。

学んだことを生かしてCNNニュースを読み解こう ▶

CNNニュースで力試し!

5

太陽系の第2惑星である金星は、その大きさと密度、公転軌道が地球と似ていることから「地球の双子」ともいわれる惑星だが、表面温度が470℃にも上る「灼熱《しゃくねつ》地獄」で、これまで生命存在の可能性は低いとされてきた。そんな金星で、地球外生命体の探索における史上最大の進展となりうる形跡が見つかったという。

And 2020 isn't done yet. Now comes word of possible alien life on Venus. Scientists have detected traces of a gas called phosphine, which is toxic to humans but could be evidence that microbes live in the clouds of the planet—little organisms that would be a big deal. NASA calls it "the most significant development yet in building the case" that there's life out there.

[EE 2021年1月号「史上最大級の発見!? 金星に生命の兆候示す気体」p.35]

□ word	知らせ、たより、情報
□ alien life	地球外生命(体)
□ Venus	金星
□ detect	~を見つける、検出する
□ trace	形跡、(存在する)しるし
□ phosphine	ホスフィン、気体状リン化水素 ▶猛毒で、有機物の分解により発生することの多い可燃性ガス。
□ be toxic to	~に対して毒性をもつ
□ microbe	微生物
□ organism	有機体、生命体
□ a big deal	重大事
□ significant	重要な
□ build the case that	~ということを立証していく
□ out there	外の世界に、地球外に

和訳

　そして、2020年(のビッグ・ニュース)はまだまだある。今度は地球外生命が金星に存在する可能性があるというニュースが届いた。研究チームはホスフィン(気体状リン化水素)という気体が存在する形跡を(金星で)発見した。ホスフィンは人体には有毒なガスだが、金星を取り巻く雲の中に微生物が存在する証拠となるかもしれない。(見つかれば)大きな意味を持つ微小な生命体だ。NASAはこの発見を、「地球外に生命体が存在するという説を立証するに当たって今までで最も重要な進展だ」と述べている。

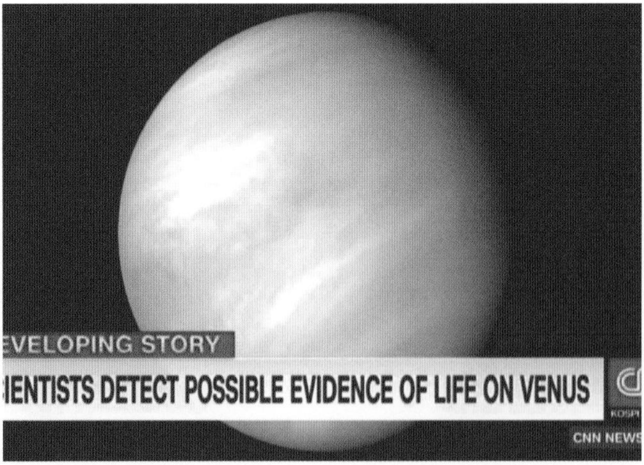

生命存在の証拠となりうるホスフィンが発見されたとされる金星。なお、このニュース発表後、反証も出ており、ホスフィンの誤検出の疑いもある

6 CNNでも多用される「倒置」(その2)

復習

前項では「文型ごとに倒置のパターンは決まっている」とお話ししました。新しい例文で復習しましょう。

At the top of the corporate giant sits Bob Iger.

その巨大企業のトップに座するのがボブ・アイガー氏です。

[EE 2020年5月号「ウォルト・ディズニー会長 ボブ・アイガー『ディズニーは時代とともに移り変わる』」p.95]

MVSの形で、第1文型(SVM)の倒置ですね。sitsが動詞で、その主語は後ろにあるBob Igerです。前項でも解説した通り、倒置は前に出たものが強調されると言われることが多いのですが、それは誤解で、実際には後ろに移動したものが強調されます。ここでもまさに「その巨大企業のトップに君臨するのは……」と、Bob Igerを「出し惜しみ」しているわけです。もう1つ別の例文を見てみましょう。

Now, joining me for more on all this is CNN senior media correspondent Brian Stelter. Also back with us is Jeffrey Toobin, and joining us is CNN chief political analyst Gloria Borger.

さて、ここでCNNのメディア担当上級記者、ブライアン・ステルター、さらに、再び(CNNの法律アナリスト)ジェフリー・トゥービンと、CNNの主任政治アナリストのグロリア・ボージャーにも加わってもらいます。

[EE 2019年5月号「アマゾンCEOにタブロイド紙が脅迫文 背後にトランプ政権の影？」p.93]

CVSの形で、第2文型(SVC)の倒置です。ここではCVSの形が3つも使われていますね(前項でも紹介したjoiningで始まる典型パターンもあります)。

第3文型の倒置(SVO➡OSV)

今回のメインテーマはSVOの倒置です。これはOが文頭に出るだけで、SVの順番は変わりません。先ほどのSVCは「(S＝Cなので)左右を入れ替えても意味は変わらない」という発想ですが、SVOは(S≠Oなので)左右を入れ替えたら意味が変わってしまいます。例えば、The cat bit the mouse.とThe mouse bit the cat.は意味が違いますよね。EEで使われたOSVの文を見てみましょう。

I mean, honestly, every tournament that I play, I want to win.

そうですね、正直に言えば、出場する大会全部で優勝したいです。

[EE 2020年12月号「全米オープン2度目の優勝 大坂なおみ あなたが受け取ったメッセージは」p.99]

本来は、I want to win every tournament that I play.で、ここからOにあたるevery tournament that I play が前に出た形です。I want to winで、他動詞winの後にくるべき名詞(目的語)が欠けているのがポイントです。決して、名詞が「消えた」というのではなく、「移動した」だけなのです。

倒置になる主な理由

倒置が起こる理由として「後ろに回ったものが強調される」ということを前項で解説しましたが、それも含めて、他の細かい理由を次頁にまとめます。これらの理由が1つ、場合によっては複数が絡み合って倒置が起こるのです。

「なぜ倒置が起こるのか?」というのは、ある意味、答えがないこともあります(倒置を使ったネイティブに聞いても、「なんとなくしっくりくるから」という返答もよくあります)。ただ、こういったことが主な理由だと頭の片隅に置いておくことで、納得のいくことが多いのです。それを踏まえてEEの他の英文を見てみましょう。

(1) 前とのつながり

①直前の内容と自然につながる表現を前に出す

②それによって「旧情報→新情報」の流れになる

※これにより、結局は「後ろに引っ込んだものが強調される」わけです。

(2) SVのバランス・リズムがよくなる

(3) 話題を提示・対比させたいとき

話題として「これから、〇〇のことを取り上げますよ/〇〇といえば」のようなニュアンスで文頭に置く。

"I would say, yes, there has been an increase in poaching. That we admit." **(Kitso Mokaila, Botswanan minister of environment, wildlife and tourism)**

"You do admit that there's a poaching problem..." **(CNN)**

「まあ、ええ、密猟は増えたと言えるでしょう。それは認めます」(キツォ・モカイラ ボツワナの観光・環境相)

「密猟問題があるということをあなたは確かに認めていらっしゃいますね……(以下略)」(CNN)

[EE 2019年10月号「"ゾウの楽園ボツワナ" で一体何が? 政府がアフリカゾウの狩猟解禁」p.58]

2文目のThat we admit.は、本来はWe admit that.という形です。thatは当然、前の内容を指すので、「前とのつながり」から先頭に出て、さらに後ろに移動したwe admitが新しい情報となるわけです。僕の考えでは、これは上記(3)の「話題提示・対比」で、「まあ、それに関して言うなら認めるけど。あくまでそれはね」という意図だと思います。

しかしwe admitが後ろに回ることで、かえってそこが強調される形をCNN側が逃さずに突っ込んでくるのが次の文です。You do admitと、動詞admitの前に強調の働きがある助動詞のdoを置いて、「それは確かに認めるのですね」と言っているのではないでしょうか。これは僕の考えですが、皆さんのお考えはどうでしょうか?

ちなみに、OSVでは、SとVの入れ替わりが起こらない(SV自体の語順は変わらない)ので、厳密には「倒置」ではなく「目的語の前置」と説明する文法書もあります。それゆえ、OSVの場合、「たいした意味はない」「Oを前に出す話題化」など、少し事情が違うことが起こるのかもしれません。

これまで第1・2・3文型の倒置を見てきました。次項は第4・5文型の倒置と倒置の例外について解説します。

学んだことを生かしてCNNニュースを読み解こう▶

CNNニュースで力試し!

アフリカ南部のボツワナはここ数年、絶滅の危機にひんするゾウの狩猟を禁じる措置を取り、環境保護活動を進めたことで国際的な評価を受けていた。しかし、2018年の大統領交代を機に一転、政府は再び狩猟解禁に向けて動き出し、密猟者の増加も後を絶たない状況に。

Botswana says its elephant populations are stable, ready to be hunted. It's unbanned hunting. Now, the government wants to unban ivory sales.

"I would say, yes, there has been an increase in poaching. <u>That we admit</u>." (Kitso Mokaila, Botswanan minister of environment, wildlife and tourism)

"You do admit that there's a poaching problem. Then why are you try[ing] to sell ivory onto the market, which has been shown to increase the levels of poaching?" (CNN)

[EE 2019年10月号「"ゾウの楽園ボツワナ" で一体何が? 政府がアフリカゾウの狩猟解禁」p.58]

☐ population	(ある地域のある動物の)個体数
☐ stable	安定した、ほぼ不変の
☐ (be) ready to do	いつでも〜できる、すぐに〜できる
☐ unban	〜に対する禁止令を解く、撤廃する
☐ ivory	(素材としての)象牙、象牙製品
☐ I would say (that)...	私の推測では…だろう、…と言ってもよいだろう
☐ poaching	密猟
☐ admit	①〜を認める、承認する　②《admit that》〜だと認める

和訳

ボツワナ政府によれば、同国のゾウの頭数は安定しており、いつ狩猟されてもいい状況にあるとのことです。同政府は(ゾウの)狩猟に対する禁止令を解除しました。今度は、象牙販売に対する禁止令も解除したいと考えています。

「まあ、ええ、密猟は増えたと言えるでしょう。それは認めます」(キツォ・モカイラ　ボツワナの観光・環境相)

「密猟問題があるということをあなたは確かに認めていらっしゃいますね。それではなぜ、市場で象牙を売ろうとするのですか?　それによって密猟がさらに多くなることが証明されているのに」(CNN)

ゾウの頭数が多いボツワナでは、人々の生活圏にゾウが現れることもしばしば(上)。リポート中、舗装された道路を横断するゾウの姿も(右)

7 CNNでも多用される「倒置」(その3)

第1・2・3文型の倒置の復習

ここまで、倒置の全体像と3つの倒置のパターンを扱いました。これで倒置の解説は最後なので、この3つの重要な形を復習してみましょう。第1・2文型の倒置はこれで3回目の解説なので、少しくどいと感じるかもしれませんが、全てEEに出てきた例です。つまりこれだけ倒置を見かけるということですので、完璧にマスターしておきたい内容です。

"This is something that they want to tell their people: 'We are modernizing under our young leader, and with his youth comes a whole new level of technology.'" (Jean Lee, The Woodrow Wilson Center)

「彼らは国民にこう言いたいのでしょう。『われわれは若き指導者の下で近代化を進めている。彼の若さによって、(今までに比べて)全く新しいレベルのテクノロジーがもたらされる』と」(ジーン・リー　ウッドロウ・ウィルソン・センター)

[EE 2019年9月号「あの『ピンクレディー』が引退!? 欧米化図る北朝鮮国営放送」p.62]

最後のwith his youth...technologyがMVSの形の倒置になっています(Mは修飾語句)。

Also interesting from this board meeting was the fact that they failed to appoint a new chairman to fill Carlos Ghosn's shoes.

この取締役会でもう1つ興味深いのは、カルロス・ゴーン氏の後継者としてふさわしい新しい会長の選任が行われなかったことでした。

[EE 2019年2月号「日産ゴーン会長、逮捕・解任 日仏の政治問題にも発展か?」p.80]

interestingは形容詞なので主語にはなれません。The fact that...was also interestingの形から倒置になったものです(CVS)。

Next month, President Trump will travel to Denmark to meet with the prime minister and the premier of Greenland. Whether he will take his checkbook, no one knows.

来月トランプ大統領は、(デンマークの)首相およびグリーンランドの首相と会談するため、デンマークを訪問します。彼が小切手帳を持っていくのかどうか、それは誰にもわかりません。

[EE 2019年12月号「正気か狂言か トランプ大統領の『グリーンランド購入』発言」p.63]

2文目はOSVの形です。EEの解説にも、「『誰にもわからない』ことを強調することができる」とありました。前項と前々項で解説した、「倒置では後ろに回ったものが強調される」という発想です。

受験勉強でしか聞かないような印象がある「倒置」ですが、このようにCNNでもよく使われます。しかしそれは第1～3文型までで、残りの第4・5文型の倒置を見かけることはほとんどありません(EEを一字一句読んでいるつもりですが、ここ数年のバックナンバーからは見つけることができませんでした)。とはいえ、決して存在しないというわけではないので、理論を解説しておきます。

第4文型の倒置

第4文型(SVOO)の倒置は、第3文型の倒置(OSV)と同じ発想で、2つあるOの1つが前に出るだけです。

A rose I gave her, not perfume.

バラを彼女にあげたのであって、香水ではない。

A roseを文頭に出して、文末のperfumeと対比させています。

第5文型の倒置

第5文型(SVOC)の倒置には2つのパターンがあり、1つは単にOが前に出るだけのOSVCの形です。

This lunch I found scrumptious.

このランチは頬が落ちるほどおいしかった。

もう1つのパターンはSVCOです。そもそもSVOCで「Cに形容詞」がくる場合、O＝Cが成立するので、その左右を入れ替えて、SVCOになってもOKだという発想です。これに関してはビジネスでよく使われる表現があります。

You will find attached to this e-mail a copy of the contract I'd like you to sign.

ご覧いただきたいのは、このメールに添付してあります、ご署名を頂きたい契約書です。

find OCがfind COになっているわけです。本来はYou will find a copy of the contract I'd like you to sign attached to this e-mail.の形です。Oにきている名詞が長いので後回しになっているという理由と、この場合は、相手に「添付した資料がありますよ」といち早く伝えるために、attached to this e-mailを先に出しているという考え方もあります。

倒置の例外

ここまで、「文型によって倒置のパターンが決まっている」という話をしてきましたが、倒置パターンの例外として、「代名詞が主語の場合はSVの倒置が起きない」ということに触れておきます。

Under the tree he sat.

木の下に彼は座った。

第1文型の倒置はMVSですから、本来ならUnder the tree sat he.になるはずですが、そうはなりません。ここで注目すべきは、文末の代名詞heです。代名詞は「誰を指しているか、何を指しているかがわかる旧情報」で、そのような旧情報を特別に強調する必要はないわけです。そこで主語が代名詞の場合は、SVのまま使われるのです。

語順移動

最後に倒置と似た現象として、「語順が移動すること」についてもEEの例で補足しておきます。

Donald Trump, with his loud and reckless innuendos, was putting my family's safety at risk. And for this, I'd never forgive him.

ドナルド・トランプは、その声高で見境のない中傷によって私の家族の安全を危険にさらしていた。このことで私は彼を決して許すつもりはない。

[EE 2019年2月号「ミシェル・オバマ氏が『絶対に許せない人』」p.32]

最後の文ですが、本来なら、“forgive 人 for...”「…に対して 人 を許す」の形ですが、for thisの部分が前に出ていますね。thisは前の内容を指すので、「前とのつながりを重視した」結果だと思います。

学んだことを生かしてCNNニュースを読み解こう ▶

CNNニュースで力試し！ 7

ドナルド・トランプ大統領（当時）が、温暖化に伴い運輸・軍事の要衝になるとして期待が高まるデンマーク領グリーンランドの購入に食指を動かしている。中国への対抗心や、アメリカの景気後退予測から国民の目をそらすための話題作りか。

Still, the outlook for this real-estate deal is not promising.

"It's not something you buy or sell. If countries want other territories, it's war." (Greenlander, through interpreter)

Next month, President Trump will travel to Denmark to meet with the prime minister and the premier of Greenland. <u>Whether he will take his checkbook, no one knows</u>.

Tom Foreman, CNN, Washington.

［EE 2019年12月号「正気か狂言か トランプ大統領の『グリーンランド購入』発言」p.63］

□ **still**	それにもかかわらず、それでも
□ **outlook**	見通し、展望
□ **real-estate deal**	不動産取引
□ **promising**	有望な、うまく行きそうな
□ **territory**	領土
□ **prime minister**	首相
□ **premier**	首相
□ **checkbook**	小切手帳

和訳

とはいえ、今回の不動産取引の行方は、有望とは言えません。

「(この島は)売り買いできるものではありません。もし国が他国の領土を欲しがるなら、それは戦争ということになります」(グリーンランド住民　通訳者を介して)

来月、トランプ大統領はデンマークを訪問します。(デンマークの)首相およびグリーンランドの首相と会談するためです。彼が小切手帳を持っていくのかどうか、それは誰にもわかりません。

ワシントンからCNNのトム・フォアマンがお伝えしました。

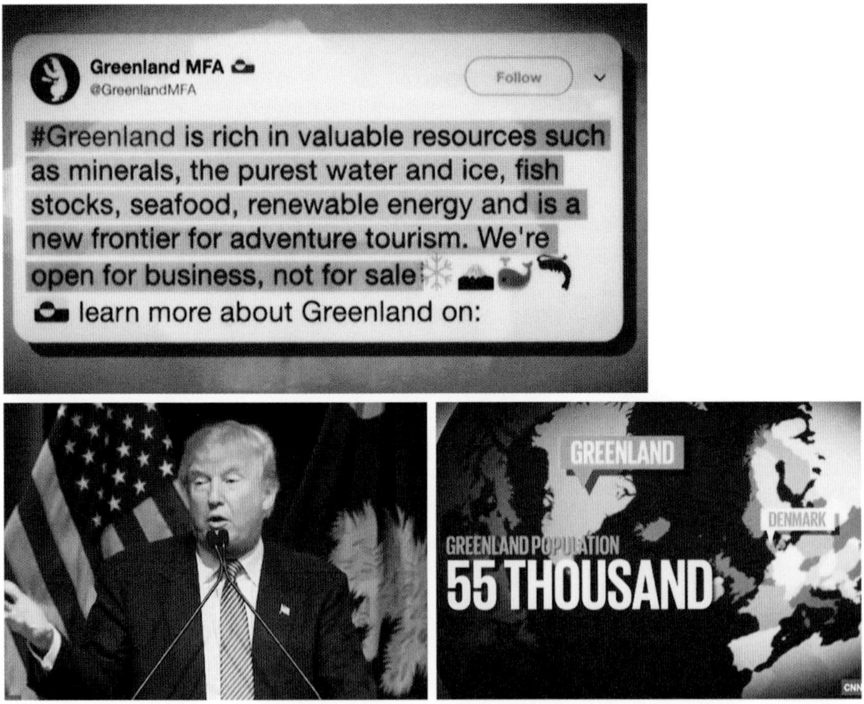

ビジネス手腕には自信ありのトランプ氏(左下)だが、グリーンランド自治政府はツイート(上)で、5万5000人が暮らすデンマーク領のこの島(右下)を「売却するつもりはない」と一蹴

8 基本から珍しい形まで一挙確認！ 仮定法（その1）

「仮定法」について解説していきます。英語上級者でも細かい部分になると、「知らない」「考えたことがなかった」という箇所が出てきます。EEで使われた例を以下で見ていきますが、ちょっと特殊で、学校の授業や大学入試ではまず出てこないパターンです。どのあたりが特殊なのか考えてみてください。

But the architect of the sculpture says if it weren't so strong and built at the height it was, the driver might not have survived the accident.

だがその彫刻の作家によれば、もしその作品の強度や高さが足りなければ、運転士は事故で命を失っていたかもしれないという。

［EE 2021年2月号「クジラの彫刻に救われた電車、奇跡の転落回避」p.42］

なんの変哲もない仮定法に見えますが、「組み合わせがちょっと変」なのです。まずは基本事項を確認しましょう。

仮定法の「公式」

英語で事実に反することや妄想を語るときには、「これは妄想です」とハッキリ示す約束があり、それを体系的にまとめたものが「仮定法の公式」です。

①仮定法過去 ※「現在／未来」の妄想で、if節に「過去形」を使う

If S **過去形**, S **would 原形**　「もし（今）～ならば…だろうに」

②仮定法過去完了 ※「過去」の妄想で、if節に「過去完了形」を使う

If S **had p.p.**, S **would have p.p.**　「もし（あのとき）～だったら…だったろうに」

※would以外にcould、might、shouldでも可

※p.p.＝過去分詞

冒頭の英文はこの公式通りではありません。ちなみに、大学入試で頻出の、①と②の公式が混ざったものもあります。if 節が②の公式(仮定法過去完了)、主節が①の公式(仮定法過去)の、「あのとき～だったら、今ごろは…だろうに」というものです。

仮定法過去完了
If S had p.p., ~~S would have p.p.~~

＋

仮定法過去
~~If S 過去形~~, S would 原形

↓

If S had p.p., S would 原形　**「もし(あのとき)～だったら、(今は)…だろうに」**
仮定法過去完了　　仮定法過去

冒頭の英文は、これとも違いますね。

さらに、これとは逆の組み合わせで “if 節が仮定法過去＋主節が仮定法過去完了” 「もし今～というのなら、あのときは…だったのだろう」という形も、一応存在します。総合文法書であれば、軽く触れているかもしれません。ただ僕自身は高校生には教えません。

最高レベルを目指す受験生であっても、「一応存在するけど、ほぼ出合わないのでスルーして」と伝えています。

実は今回の英文、この形なんです。主語が it なのに動詞が were になっていることから仮定法であることは明らかですが、if 節では過去形の were、主節では might have p.p. の形が使われています。このように、冒頭の英文は、実は非常に珍しい形なのです。

仮定法過去を用いた理由

冒頭の英文が特殊な公式を使っているということはわかりましたが、ポイントはこれだけではありません。この英文には、あと 2 つも大事なことが隠れているのです。

まず 1 つ目です。今回の英文に「もし今～というのなら、あのときは…だったのだろう」という訳を当てはめてみても、いまいちしっくりきません。実際、EE の和訳でも if 節の部分は「もし～足りなければ」で、特別「もし今～というのなら」ということを強調してはいませんね。どういうことなのでしょうか？

前半はリポーターの感覚として、「ニュースを報道している今この瞬間も、転落を回避させたその作品は強度・高さが十分である」ことから、「今現在にも及ぶ仮定→仮定法過去を使う」という発想でwereを使ったものだと思います。後半の「事故で命を失っていたかも」は当然、過去の出来事なので、「過去に対する仮定→仮定法過去完了」で、might have p.p.が使われているのでしょう。

つまり、前半は「作品の強度と高さは今現在も成り立つ」という認識から仮定法過去、後半は「事故は過去の出来事（であって今とのつながりは関係ない）」という認識から仮定法過去完了を使ったのです。

「事実」は直接法

もう1つのポイントは、at the height (that/which) it was (built)の部分です。今回は時制(was)に注目してください。結論から言えば、この部分は「現実のこと」を表すので仮定法ではなく普通の形（直説法と言います）が使われています。「それ（その作品）が建てられた」のは過去の出来事・事実なので、単なる過去形wasで表しているというわけです。

このように「仮定法の文の中であっても、事実を表す箇所は直説法になる」ということはよくあります。

If I had known his family is rich, I wouldn't have dumped him.
実家がお金持ちだって知ってたら、あの人をフラなかったのに。

上記英文his family is richの部分は今も変わらない「事実」なので仮定法は使われないのです。

さて、30年近く英語を教えていますが、今回のような特殊な形の仮定法を解説したのは初めてです。総合文法書でも軽く触れる程度、もしくは扱わない内容まで解説できるのは、CNNニュースの生の英語だからこそですね。次項では「ifを使わない仮定法」を扱いますので、さらに仮定法の理解を深めていきましょう。

学んだことを生かしてCNNニュースを読み解こう▶

CNNニュースで力試し！ 8

オランダのロッテルダム近郊の高架橋にある地下鉄駅で、電車が車止めを突き破って脱線した。幸運にも、近くにあったクジラの尾の彫刻の上に乗り上げたため、下の水面に落ちずに惨事を逃れることができた。唯一乗車していた運転士にけがはなかった。

Architects have to have a vision, but the one who designed a sculpture in the Netherlands would've never envisioned this. On Monday, a subway train broke through its barriers and landed on top of a whale-tail sculpture. The only person aboard the train was the driver, and he wasn't hurt. But the architect of the sculpture says if it weren't so strong and built at the height it was, the driver might not have survived the accident.

[EE 2021年2月号「クジラの彫刻に救われた電車、奇跡の転落回避」p.42]

□ **architect**	建築家
□ **sculpture**	彫刻作品、立体芸術作品
□ **envision**	～を想像する、心に描く
□ **break through**	～を突き破る
□ **barrier**	防壁、柵
□ **land**	着地する、(落ちて)止まる
□ **whale**	クジラ
□ **tail**	尾、しっぽ
□ **aboard**	～に乗車して

和訳

建築家にはビジョンがなければならない。しかしオランダのある彫刻作品をデザインした建築家はさすがにこれは想像していなかっただろう。月曜日、地下鉄の車両が防壁を突き抜け、クジラの尾の彫刻の上に乗り上げた。乗車していたのは運転士だけで、彼にけがはなかった。だがその彫刻の作家によれば、もしその作品の強度や高さが足りなければ、運転士は事故で命を失っていたかもしれないという。

この彫刻は、地元では偶然にも「クジラのしっぽに救われて」という名で呼ばれていたという

9 Ifの省略や倒置に注意！ 仮定法（その2）

仮定法の公式が変形する

前項では、大学入試では取り上げられない、ちょっと珍しい仮定法の公式を解説しました。ここからは、そもそも公式が崩れた形をご紹介します。有名なのは以下の英文で使われているものです。

For some Chernobyl visitors, like Ed from Texas, it's a message still relevant today.
"I think it...it symbolizes a...a very strong need for not prevaricating about information,..." (Ed Charlesworth, tourist in Chernobyl Exclusion Zone)
"Not lying." (CNN)
"...not lying about information, but being forthright. And a lot could've happened differently had the lying not taken place." (Ed Charlesworth)

テキサス州から来たエドさんのような一部のチェルノブイリの観光客にとって、それは今日にも通じる教訓です。
「私が思うに、チェルノブイリは象徴です、絶対に情報をごまかしてはいけないということの……」（エド・チャールズワース　チェルノブイリ立ち入り禁止区域の観光客）
「うそはダメだと」（CNN）
「……情報に関してうそをつかないで率直に言うべきだということの象徴ですね。もし、うそがなければ（チェルノブイリでの）多くのことが別の形で済んでいたかもしれません」（エド・チャールズワース）

［EE 2019年11月号「過去の教訓を伝えられるか？ 観光地化するチェルノブイリ」p.68］

最後の文で使われているのが、仮定法でよく出てくる「倒置」です。「仮定法のifが省略される代わりに、従属節の主語と（助）動詞の語順が逆になる形」のことですが、まずは基本事項を確認してみましょう。

仮定法のifが省略される（下の例は仮定法過去完了）

~~If~~ I had known they were in Tokyo, I would have invited them out to lunch.

彼らが東京にいると知っていたら、ランチに誘ったのに。

↓

代わりに従属節の主語と（助）動詞の語順が逆になる

Had I known they were in Tokyo, I would have invited them out to lunch.

※倒置になる動詞や助動詞はwere/had/shouldのみ。倒置になっても英文の「意味」は変わらない。

もう1つ例を見てみましょう。

Should you have any questions, please don't hesitate to ask me.

もし何か質問があれば、遠慮なく私に聞いてください。

こちらもifが省略された文章で、つまりIf you should have any questions, please don't hesitate to ask me. ということです。

なぜ多くの人は「仮定法の倒置」が苦手なのか？

この「仮定法の倒置」は大学入試の問題によく出ます。それほど難しいものではないのですが、実際には仮定法だと見抜くことができない受験生がたくさんいます。理由は3つあると思います。

①「仮定法の目印はif」だと思っているから

ifが消えてしまうと、仮定法だと気付けないのです。しかし仮定法の目印は「助動詞の過去形」であって、決してifだけではありません。

②世間で軽く扱われることが多く、誤解されがちだから

一般的な文法書では「倒置が起きることもある」くらいの扱いなので、学習者が油断するのかもしれません。また、かつてセンター試験で仮定法の倒置が出題されたとき(2009年)、ごく一部ですが、大学受験業界では「仮定法の倒置は古い英語なので出題すべきでない」という的外れな批判もありました。しかし実際には英字新聞でもよく見かけますし、何より皆さんは、CNNの放送の中で一般の観光客が使っているのを今確認できましたね。

③「従属節が後ろにくる」パターンに慣れていないから

「仮定法の倒置」はどの文法書・大学受験の問題集にも載っているのですが、多くの例文は「従属節→主節」の順番です。先ほどの例文でも、従属節Had I known they were in Tokyoが、主節I would have invited them out to lunchの前にありますね。しかし次の例文のように、従属節と主節の順番が逆になることも珍しくありません。

I would have invited them out to lunch had I known they were in Tokyo.

※日本語訳は先ほどと同じです。

この場合、hadの直前にカンマは使いません。

「仮定法で倒置が起こるのは当然」という感覚を、ぜひ持ってください。そういった心構えがあることで、英文を読んでいるときはもちろん、CNNのスピードで英語を聞き取るときも「あ、仮定法の倒置だ」と気付けるようになるはずです。

また、僕は大学受験生に「仮定法の公式を『倒置バージョン』でスラスラ言えるようになるまで練習する」ように強く言っています。例えば、仮定法過去完了の公式の倒置バージョンであれば、Had S p.p. ..., S would have p.p.とスラスラと口をついて出てくるまで練習する必要があるのです。普段英文を読むスピードで、そしてCNNニュースを英語で理解したいなら、CNNで流れるスピードで公式を言えないと、実際には対応できないからです。もちろん、具体的な英文で練習するのも良いことです。仮定法過去の倒置形で、従属節と主節の順番が逆の文章であれば、例えば、次のようになります。

We could go for a walk were the weather nice.

もし天気がよければ、散歩に行けるのになあ。

本誌での例を確認する

上記を踏まえて改めて冒頭の例を見てみましょう。

had the lying not taken placeは、ifを使えばif the lying had not taken placeとなります。

以上、仮定法の倒置を扱いました。次項では仮定法の「最終形態」を解説します。これを機に文法書でも仮定法を復習しておきましょう。

学んだことを生かしてCNNニュースを読み解こう ▶

CNNニュースで力試し！

史上最悪の原子力災害発生地チェルノブイリ（チョルノービリ）は、1986年の爆発事故以来、発電所の周囲4000平方キロメートルが立ち入り禁止区域となっていた。しかし近年、米ドラマの影響で観光地として注目され、多くの若者が訪れている。

For some Chernobyl visitors, like Ed from Texas, it's a message still relevant today.

"I think it…it symbolizes a…a very strong need for not prevaricating about information,…" (Ed Charlesworth, tourist in Chernobyl Exclusion Zone)

"Not lying." (CNN)

"…not lying about information, but being forthright. And a lot could've happened differently had the lying not taken place." (Ed Charlesworth)

"Chernobyl is the ultimate consequence, isn't it, of what happens when governments fail to acknowledge reality, the truth?" (CNN)

"Exactly." (Ed Charlesworth)

[EE 2019年11月号「過去の教訓を伝えられるか？ 観光地化するチェルノブイリ」p.68]

□ **relevant**	実際的な意味のある
□ **symbolize**	～を象徴する、表す
□ **prevaricate**	言い紛らす、ごまかす
□ **lying**	うそをつくこと、偽り
□ **forthright**	率直な、歯に衣（きぬ）着せぬ
□ **take place**	起きる、生じる
□ **ultimate**	最終的な、究極の
□ **consequence**	（悪い）結果、影響
□ **fail to do**	～しそびれる、（すべきことを）しない

和訳

　テキサス州から来たエドさんのような一部のチェルノブイリの観光客にとって、それは今日にも通じる教訓です。

　「私が思うに、チェルノブイリは象徴です、絶対に情報をごまかしてはいけないということの……」（エド・チャールズワース　チェルノブイリ立ち入り禁止区域の観光客）

　「うそはダメだと」（CNN）

　「……情報に関してうそをつかないで率直に言うべきだということの象徴ですね。もし、うそがなければ（チェルノブイリでの）多くのことが別の形で済んでいたかもしれません」（エド・チャールズワース）

　「チェルノブイリは究極の結末（の例）ですよね。政府が現実を、真実を認めなければ、何が起きるかという」（CNN）

　「その通りです」（エド・チャールズワース）

チェルノブイリで写真撮影をする観光客

10 If節の代用表現 仮定法(その3)

if節の代用表現

これまで、仮定法の「公式が崩れたパターン」(pp.51-55)や、「if省略による倒置」(pp.56-61)を解説してきました。ここで「if節が使われないパターン」を解説していきます。おそらく英語上級者であれば、if節の代わりに他の表現が使われること、特にwithoutがよく使われることをご存じの方も多いでしょうが、まずはその基本形を確認してみましょう。

I would not have succeeded without your help.
君が助けてくれなかったら、うまくいかなかったよ。

ここではif you had not helped meがwithout your helpに置き換わっているイメージです。他にも、withだったり、to不定詞だったり、otherwiseを使った形もあります。厳密に言えば「if節という副詞節を、副詞句(to不定詞)、副詞1語(otherwise)で代用する」わけですが、まあ「if節が軽くなった」と考えれば十分です。

~~If S V~~,	**S would**	**動詞の原形**
↓		
Without...,	**S would**	**動詞の原形**
To不定詞,	**S would**	**動詞の原形**
Otherwise,	**S would**	**動詞の原形**

特に気を付けたいのがotherwiseです。大半の人が「そうでなければ」という訳語だけで済ませてしまうのですが、「仮定法if節の代用表現になる」ということを意識できると、英文がより深く理解できるはずです。EEの英文で確認してみましょう。

Japanese prime minister Shinzo Abe always sweet-talks Donald Trump, but he quickly struck a free-trade agreement with the European Union, giving opportunities to Europe that might otherwise have gone to America.

日本の安倍晋三首相はドナルド・トランプ氏に対し、彼がうれしがる言葉を常に投げ掛けていますが、安倍氏は早々に、EU(欧州連合)との間で自由貿易協定を結びました。そのような事態にならなければアメリカが手にしていたはずの機会を、ヨーロッパに与える結果となったのです。

[EE 2018年12月号「『アメリカ・ファースト』の行き着く先はアメリカ抜きの世界体制!?」p.78]

ここでotherwiseを「そうでなければ」と訳すだけで済ませても、もちろん間違いではないのですが、「そのような事態にならなければ」と意味をとることで、文意がより明確になるわけです。実際、EEの和訳もそうなっていました。

(余談ですが、EEでの和訳は今回のotherwiseを見てもおわかりの通り、実に繊細で、意訳しすぎず、「和訳の模範」としても勉強になることが多いというのが私の印象です。EEを徹底的に活用するヒントとして訳し方に注目するのも一興ですよ)

仮定法の「最終形態」

次の内容に入りますが、まずはEEに出てきた英文を見てください。ちなみにこれは、前米大統領トランプ氏と不倫関係にあったと主張するカレン・マクドゥーガルさんへのインタビューからの抜粋です。

Cooper: If Melania Trump is watching this, what would you want her to know...

McDougal: It's a tough one.

Cooper: ...or say to her?

McDougal: Yeah. What can you say except "I'm sorry"? I'm sorry. I wouldn't want it done to me. I'm sorry.

クーパー：もしメラニア・トランプ夫人がこの番組を見ているとしたら、彼女に何を知ってほしいですか……

マクドゥーガル：難しい質問ですね。

クーパー：……あるいは何と言いたいですか。

マクドゥーガル：そうですね。「申し訳ない」としか言えません。申し訳なく思っています。私なら、こんな目に遭いたくありません。申し訳ありませんでした。

[EE 2018年6月号「トランプの元不倫相手が激白」p.116]

実は下線の英文は「if節が完全消滅するパターン」です。先ほどのwithoutなどの代用表現についてはどの文法書にも書かれているのですが、「そもそもif節が丸ごとなくなってしまう」という点はあまり書かれていない、少なくとも強調されていないことが多いのです。しかし、これはとても大切な形です。

If S V, I would ～.　➡　~~If S V~~, I would ～.

※if節が完全消滅する

この「if節が完全に消滅する」形で、日常会話でよく使われるのが以下の文です。

I wouldn't say that.

(もし私だったら)そんなことは言わないけどね。

本来は「もし私があなたの立場だったら、私はそんなことは言わないだろうに」ですが、前半のif節相当部分(もし～だったら)が丸ごと消えているのです。

さて、先ほどのEEでの英文を分析してみましょう。最後から2つめの英文のI wouldn't want it done to me.に注目してください。これはif節が完全に消滅した形です。「もし私がその立場だったら」くらいの意味を補う感覚です。今回の和訳はその内容を主語に含めて「私なら」とまとめているわけです。

（主語Iの中に仮定が含まれて「もし私だったら」と解釈する考え方もできますが、個人的にはif節が丸ごと消えるパターンと考えて、訳出上「私なら」とまとめたと考えるほうがスッキリ整理できると思います）。

さらに文意の面でも「不倫相手である自分が夫人の立場に立つ」というのは事実とは反する内容なので、仮定法となります。

最後に補足ですが、クーパーの最初の質問If Melania Trump is watching this, what would you want her to know...は仮定法ではありません。確かに主節にwouldが使われていますが、そもそもif節内でisが使われているので（was/wereではない）、これは仮定法ではなく普通の形（直説法）です。つまりクーパーは「トランプ夫人が番組を見ている可能性がある」ことを前提に、what do you want...のより丁寧な表現であるwhat would you want...で尋ねているのです。

学んだことを生かしてCNNニュースを読み解こう▶

CNNニュースで力試し！

元プレイメイト(プレイボーイ誌のモデル)で、トランプ氏と不倫関係にあったと主張するカレン・マクドゥーガルさんが、氏との関係を口止めされた契約は無効だとして訴訟を起こした。CNN記者アンダーソン・クーパーは彼女への独占インタビューを行った。

McDougal: I do in a sense. I do because I'm actually standing up for myself now, and I really didn't do that before. And now, people know my truth. I'm not a liar. I'm perceived as a liar or this nut—all these bad names. I did what I did. I'm not proud of it, and I feel terrible about it, but I'm a new woman, new creation, and I'm standing up for myself.

Cooper: If Melania Trump is watching this, what would you want her to know…

McDougal: It's a tough one.

Cooper: ...or say to her?

McDougal: Yeah. What can you say except "I'm sorry"? I'm sorry. I wouldn't want it done to me. I'm sorry.

[EE 2018年6月号「トランプの元不倫相手が激白」p.116]

□ in a sense	ある意味では、ある程度
□ stand up for	～のために闘う、～を守る
□ liar	うそつき
□ nut	頭のおかしいやつ、変なやつ
□ bad name	蔑称、悪口
□ feel terrible about	～を心苦しく思う、後悔する
□ creation	創作物
□ tough	難しい
□ except	～以外は

和訳

マクドゥーガル： ある意味、そう思います。というのも、今、私は実際に自分を守るために立ち上がっています。これまで、私はあまりそれをやらなかった。そして今、皆さんに私の真実を知っていただきました。私は、うそはついていません。私は、うそつきだとか、頭のおかしいやつだとか、いろいろ悪口を言われています。自分がやったことは認めます。誇らしいとは思いません。とても後悔しています。でも、私は新たな女性、新たな存在として生まれ変わり、自らを守るために立ち上がっているのです。

クーパー： もしメラニア・トランプ夫人がこの番組を見ているとしたら、彼女に何を知ってほしいですか……

マクドゥーガル： 難しい質問ですね。

クーパー： ……あるいは何と言いたいですか。

マクドゥーガル： そうですね。「申し訳ない」としか言えません。申し訳なく思っています。私なら、こんな目に遭いたくありません。申し訳ありませんでした。

若き日のカレン・マクドゥーガルさん

まずは押さえておきたい

必修編

2

11 現在形の「力強さ」を実感しよう！

文法書で最初に取り上げる「現在形」を扱います。従来の文法書では「不変の真理においては現在形が使われる」とか、「確定した未来には現在形を使う」といった説明が普通ですが、いまいちよくわからないまま読み流してしまったり、用法を丸暗記してしまいがちな単元です。

まずは、その現在形が使われている以下の有名な決まり文句を知っていますか？

What do you do?

「何してるんですか？」といった意味ではありません。正解は「あなたのお仕事は何ですか？」という意味です。中・上級者であれば知っている人も多いでしょう。でも知っていても、そういうものだと意味を丸暗記してしまっていた人も多いはずです。丸暗記してしまうと、次のようなちょっとした変形に対応できなくなってしまいます。

What do you do for fun?

「"What do you do?" は仕事を聞く表現」ということにつられて、「楽しい仕事は何？」などと誤訳してしまうかもしれません。ではどうすればいいのか、まずは現在形の考え方から確認していきましょう。

現在形は「現在・過去・未来形」と考える

そもそも「現在形」という用語自体が、かなり誤解を呼ぶネーミングなのです。実は現在形は、「昨日のことも、今日のことも、明日のことも表す」のです。「現在形」＝「現在・過去・未来形」と再定義したほうが、その本当の姿が見えてきます。

この考え方で、従来の文法書に書かれている「習慣」「不変の真理」「確定した未来」という3つの用法を考えてみましょう。

❶ 習慣

I go to school.

この文は「(昨日も今日もそして明日も)学校へ行く」ことを表します。もちろん、時には行かない日もありますが、現在形ではそこまでの厳密さを求めません。ちなみに、この文の本当の意味がわかると、これは学生や教員などしか使えないことが理解できますね。保護者が何かの折に学校に行くだけの場合に、I go to school.と言ってしまうと、ネイティブからは「かなり違和感がある」と思われます。

❷ 不変の真理

The sun rises in the east.

これも「(昨日も今日も明日も)太陽は東から昇る」ということです。❶の「習慣」と違って、こちらは100%確実に起こるので、文法書では「不変の真理」と定義していますが、実際の英語の世界では特に区別する必要はないと思いませんか。どちらも「現在・過去・未来形」で十分に理解できるからです。

❸ 確定した未来

That train arrives at Hakata Station at 11:30.

従来の説明では、何をもって「確定した」のかはっきりしません。実は、「現在・過去・未来に繰り返し行われる行為」を「確定」と定義しているわけです(ですからどんなに固い決心でも、自分の中での未来のことに使うのは不自然なんです)。この英文は、「(昨日も今日も明日も)その列車は博多駅に11時30分に到着する」ということです。

「理解」すれば、英語が「立体的」にわかる

ここで、冒頭で取り上げたWhat do you do?について考えてみましょう。What do you do? の最初のdoは「現在形」を示します。ですからこの英文は「あなたは、昨日も今日も明日も、何をするのですか？」ということで、ここから「あなたのお仕事は何？」となっただけなのです。

このようにきちんと英語の感覚を身につけておくと、先ほど応用として出したWhat do you do for fun?もおのずと理解できます。これは「あなたは、昨日も今日も明日も、楽しむために何をしますか？」、つまり「趣味は何？」という表現になるわけです。

そして最後に、EEで使われた例も確認してみましょう。

Japanese women complain of being put on a "mommy" or non-career track—as opposed to a management track—by companies, which, of course, causes many to drop out.

日本女性の不満は、企業によって、キャリア・コースではなく母親コース、つまりノンキャリア・コースに組み入れられることです。言うまでもなく、それが原因で多くの女性が仕事を辞めてしまいます。

[EE 2019年1月号「人口減少社会を突き進む日本 労働力不足解消のカギは『女性』」p.78]

ここでは、complainとcausesという、2つの現在形の動詞がありますが、前者は「日本人女性は母親コースに組み入れられることに(昨日も今日も明日も)不満を言う」、後者は「その事実は女性が辞めることを(昨日も今日も明日も)引き起こす」と考えると、英文の持つ意味がより一層リアルに、より深刻に感じられるのではないでしょうか。

このように、英文法はその本質をつかめば、無意味な丸暗記はなくなり、応用も利き、英会話などでも大活躍してくれます。皆さんが今度、現在形を使った英文に出合ったときは、現在形が持つ「昨日も今日も明日も…」という力強さを意識してみてください。きっと英文が持つイメージが、「立体的」に感じられるはずです。

学んだことを生かしてCNNニュースを読み解こう▶

CNNニュースで力試し！

IMFによると、今後30年で日本の(年平均)GDP成長率が1パーセンテージポイント低下する可能性がある。原因は女性労働力の活用が不足していることだ。

Women in their prime have actually flooded the workforce in Japan in recent years. The female labor-force-participation rate has now surpassed that of the U.S. But as a recent Brookings report notes, almost 32 percent of prime-age female workers in Japan are part-time. Compare that to 18 percent of female workers in that same age group in the United States and less than 5 percent of Japanese men.

So why is this happening? Discrimination is undoubtedly part of it. Japanese women complain of being put on a “mommy” or noncareer track—as opposed to a management track—by companies, which, of course, causes many to drop out.

[EE 2019年1月号「人口減少社会を突き進む日本 労働力不足解消のカギは『女性』」p.78]

☐ in one’s prime	最盛期の、働き盛りの
☐ flood	～に押し寄せる、殺到する
☐ the workforce	労働力、労働者全体
☐ labor-force-participation rate	就業率
☐ surpass	～を上回る
☐ note (that)	～ということを述べる、指摘する
☐ prime-age	最盛期の、働き盛りの
☐ discrimination	差別
☐ undoubtedly	疑問の余地なく、明らかに
☐ A as opposed to B	BではなくA

和訳

実は、日本では近年、働き盛りの女性がどんどん労働力に加わっています。女性の就業率は今やアメリカのそれを上回っています。ですが、(老舗シンクタンクの)ブルッキングス研究所の最近の報告書にあるように、日本では働き盛りの女性労働者の32%弱がパートタイムです。アメリカの同年代グループの女性労働者の18%、日本の男性の5%弱と比較してみてください。

では、なぜこのような事態が起きているのでしょうか。差別は明らかにその要因の1つです。日本女性の不満は、企業によって、キャリア・コースではなく母親コース、つまりノンキャリア・コースに組み入れられることです。言うまでもなく、それが原因で多くの女性が辞めてしまいます。

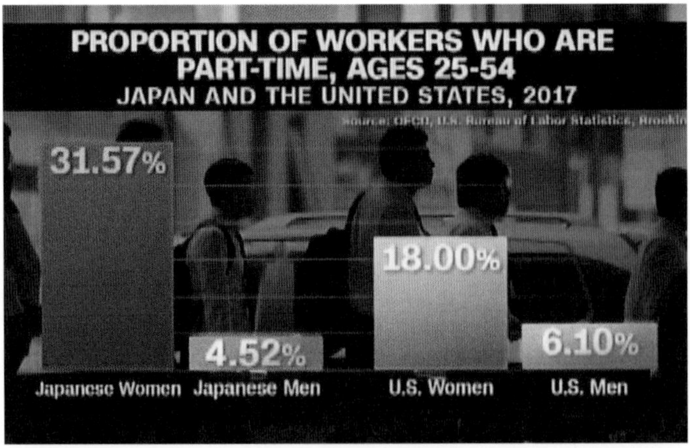

日本女性の就業率はアメリカ女性をやや上回るが、働く形態を見ると、日本女性はパートタイム労働者が3割強、アメリカ女性は2割弱だ

12 「現在形」をリアルに感じる

今回は新たな英文で「現在形」の要点を復習した後、さらに細かい用法まで踏み込みます。まずはEEに出てきた英文の確認から。

Only female mosquitoes bite people.
人間を刺すのは雌の蚊だけです。

[EE 2020年12月号「天敵撃退なるか!? 蚊と人間の遺伝子研究最前線」p.70]

現在形の考え方

現在形の用法としては、「習慣」「不変の真理」「確定した未来」という3つの用法がよく知られています。しかし、現在形の核心は「現在・過去・未来」です。つまり、「昨日も今日も明日も起こること」には現在形を使うと考えればOKでしたね。

ちなみにこれは「動作動詞(goなど)」だけに当てはまることです。「状態動詞(be動詞など)」には当てはまりませんが(例えば、I'm hungry. は当然「(今だけ)空腹だ」の意)、文脈から判断できるので心配は無用ですね。

以上を踏まえて、最初の英文を読んでみると、「人間を刺すのは(昨日も今日も明日も)雌の蚊だけだ」ということになります。次の例文でも現在形がいくつも使われています。現在形の核心である「昨日も今日も明日も〜する」という意味を読み取れるようになりましょう。

Beavers build dams and canals for their own protection. The dams raise the surrounding water, which helps them escape from predators. It also slows the water flow, reducing floods downstream in the wet season and drought in the dry season.

ビーバーがダムや水路を作るのは自分たちの身を守るためです。そのダムは周辺水域の水位を上げ、捕食者から逃れるのに役立つのです。それはまた水の流れを遅くし、雨期には下流の洪水の発生を、乾期には干ばつの発生を減少させるのです。

[EE 2021年7月号「生態系を救う『天然の土木技師』ビーバーを呼び戻せ」p.84]

時制の一致の例外について

A 2017 study showed some 27 percent of pregnant women in France drink alcohol.

2017年のある調査によると、フランスにおける妊婦の飲酒率は約27%でした。

[EE 2018年12月号「『水がわりにワイン』の仏、ボトルの妊婦向け警告表示巡り論争」p.73]

これは文法書でいうところの「時制の一致の例外」というものです。主節の動詞が過去形showedなので、本来ならばその後に続くthat節(今回はshowed直後のthatが省略)の中の動詞も過去形にすべきところですが、ここでは現在形になっています。

しかし難しく考える必要はありません。「調査が示したのは過去である2017年のこと」なので過去形showedが使われ、「フランスの一部の妊婦たちは(昨日も今日も明日も)飲酒をする」ので、現在形drinkが使われているだけなのです。

現在形の特殊用法は「実況」と考える

ただし、「現在・過去・未来」という発想が使えない場面もあります。例えば、料理の実演で使われる以下の英文を確認してみましょう。

Now I use the propane torch to caramelize the sugar.

次に、バーナーを使って砂糖をカラメルにします。

この用法は文法書でも特別扱いされていて、「実況・実演には現在形を使う」と説明されています。この「実況には現在形」という発想は意外と応用が利くので、上級者を目指す方なら知っておいて損はないと思います。

例えば、Here comes the bus.「ほら、バスが来たよ」という英文は「実況に現在形が使われている」と考えればスッキリします。同様に、日常での慣用表現に現在形が使われる理由にも説明がつきます。

I see.	**「なるほど」**
I agree with you.	**「賛成です」**
I recommend...	**「…がお薦めです」**
Thank you for...	**「…をありがとう」**
※本来は現在形(I thank you for...)	
I apologize for...	**「…についてお詫びいたします」**

どれも決まり文句で、「なんで現在形なんだろう?」と思うことすらありませんが、どれも主語はIなので「自分は今〜をしているのです」と実況していると捉えるのも1つの手です。

もちろん「決まり文句として暗記する」と割り切ってもいいですし、さらには「実はどれも、現在形の動詞が『話し手の発言の意図を伝えている』」とも解説できます。例えば、I apologize. は、この英文自体がそのまま発言「ごめんなさい」として使われるのです。もし日本語で「私は謝る」なんて言うだけだと、相手から「じゃあ早く謝れよ!」と思われてしまいますが、英語では現在形apologize が、話し手がまさに謝罪していることを伝えるのです。

このように、英文法を学んで英語の本質を知れば、英文の意味がより明確に理解できるだけでなく、「英文法のルールを応用する」か「表現を暗記する」かという2つの選択肢から、自分の好きな方を選べるようになります。表現の由来を知ったり、自分で仮説を立てて思考するきっかけにもなるかもしれません。そんな英文法の魅力を、CNNの英文を例に感じとってもらえたらと思います。

学んだことを生かしてCNNニュースを読み解こう ▶

CNNニュースで力試し！ 12

ワインの伝統国フランスでは、ワインが水よりも安く手に入ることは珍しくない。およそ千年にわたり、キリスト教などと結び付きながら、ワインは同国の文化と歴史において重要な役割を担ってきた。しかし一方で、妊娠中の女性の飲酒率の高さが問題になっており、厚生省は新たな対策に乗り出そうとしている。2017年では約8000人の新生児が、妊娠中の飲酒に起因する神経障害を持って生まれてきている。

Winemakers say it's not just sour grapes. They worry their product could be tarred with the same brush as cigarettes.

"We are afraid to see the possibility to having 'Alcohol kills' on our bottles—yes, we are. We consider that it is really excessive." (Francois Labet)

A 2017 study showed some 27 percent of pregnant women in France drink alcohol. Compare that to nearly 15 percent in the United States and Ireland's staggering 60 percent, a sobering figure.

[EE 2018年12月号「『水がわりにワイン』の仏、ボトルの妊婦向け警告表示巡り論争」p.73]

□ sour grapes	負け惜しみ ▶イソップ物語の「キツネとブドウ」の話に基づいた表現。
□ be tarred with the same brush as	～と同じ欠点がある（と見なされる） ▶ここではたばこのタール（tar）にかけている。
□ excessive	行き過ぎた、度を超えた
□ study	研究、調査
□ compare A to B	AをBと比較する
□ staggering	信じ難いほどの、驚異的な
□ sobering	（人を）真剣にさせる、まじめに考えさせる
□ figure	数字

和訳

ワイン醸造業者たちは、これは単なる負け惜しみではないと言います。彼らは自分たちの製品が、たばこと同様に悪いものと見なされかねないと懸念しているのです。

「私たちは心配なんです、いずれ『アルコールは死につながるような害を体に及ぼす』という表示をボトルに付けることになるんじゃないかと。ええ、本当に。それはあまりに行き過ぎだと思います」（フランソワ・ラベ）

2017年のある調査によると、フランスにおける妊婦の飲酒率は約27％でした。他国と比較すると、アメリカでは15％弱、アイルランドはなんと60％という、酔いもさめるような数字です。

フランスにおける妊婦の飲酒率は、アメリカのおよそ2倍となっているが、アイルランドの60％はさらに驚きの数字である

13 定冠詞theについて

定冠詞theの解説をします。かつて中学生・高校生・大学生・社会人を対象に「今まで英語を勉強してきた中で一番の疑問は?」というアンケートをとったことがあります。そのとき、全ての年代で1位となった回答が「theの使い方」だったのです。

そこでまずtheの核心に迫り、大半のtheの用法が一発で理解できる発想を紹介します。その後は、文法書に羅列されている細かいtheの用法を、「なぜthe United Statesにtheがつくのか」といった疑問を交えて「丸暗記なし」で解説していきます。

「共通認識」できるものにはtheを使う

僕は中学1年のとき、「名詞は、最初に出てきたらaをつけて、2回目にはtheをつける」と習いました。皆さんの中にも同じように習った人も多いでしょう。しかしこの説明はその数カ月後、あっさり崩れました。命令文を習ったときに、“Open the door, please.”と、いきなりtheが登場する文が出てきたからです。

ですからこの考え方ではtheを使いこなすことはできないわけです。そこで、theの考え方としては「共通認識」というキーワードで押さえてください。簡単に言えば、「あなたと私、もしくはそこに居合わせた人みんなで共通に認識できるものにtheを使う」ということです。みんなで「せ〜の…」と一斉に指をさせるならtheを使うという感覚です。

例えばsun「太陽」は、みんなで一斉に指をさせるものなのでtheがつくとわかります。同様に、「月」や「地球」にもtheがつきます(the moon、the earth)。これを文法書のように「天体のthe」などと覚える必要はありません。

ちなみに、star「星」には、必ずしもtheがつくとは限りません。a starのときもあります。複数の星が出ているときには、みんなが同じ星を一斉に指さすことはないからです。もちろん、星が1つしか出ていなければ共通認識できるので、the starとなります。

先ほどの“Open the door, please.”「ドアを開けてください」という文は、ドアが1つしかない部屋で、みんなで一斉に同じドアを指さすことができる状況で使われるわけです。もしくは複数のドアがあっても、このセリフを言った人と言われた人の間で、どのドアかが共通に認識できる状況なのです。そのほか、the highestのような最上級、the firstのような序数にtheがつくのも同様の理由によるものです。

このように身の周りにあるtheを、まずは「共通認識」から考えるようにしてみてください。大半のものが納得できてしまうと思います。

❶ なぜ“Do you have the time?”が「今何時？」になるのか？

会話の決まり文句で、以下のようなものがあります。

Do you have the time?

この英文は「時間ありますか」という意味ではありません（それはtheがつかない“Do you have time?” です）。正しい意味は「今何時かわかりますか」です。大学受験にも出るので、この表現を丸暗記してしまった人も多いと思いますし、多くの英会話本に「theがつくことに注意」としか書かれていませんが、これも「theは共通認識」というキーワードから解明できます。

the timeは「共通に認識できる時間」のことで、「今ここにいるみんなで共通認識できる時間」→「共有している時間」→「現時刻」ということなのです。したがって、“Do you have the time?” の直訳は「現時刻（the time）を持って（have）いますか（持っていたら教えて）」で、「今何時かわかりますか」となるわけです。

❷ “the＋複数形” は「特定集団」

この「共通認識」という考えを応用していきましょう。theの後に複数名詞がくる “the＋複数形” の形は、単に「共通認識できる複数名詞」というだけ、つまり「特定集団」を示すだけなのです。

例えば、the United States「アメリカ合衆国」は「（50の州が集まった）特定集団」ですし、アラブ首長国連邦も、アブダビやドバイなどの首長国が集まっているので、the United Arab Emirates（通称UAE）となります。

実はこの発想は、The Beatlesや、日本のバンドの（少し古くなりますが）THE CHECKERSなどで使われています。文法書の説明では「the＋名字にsをつけたものは「〜家の人々」

という意味になる」とあり、人気アニメのthe Simpsons『ザ・シンプソンズ』のような例がありますが、これも「同じ名字を持った特定集団」と考えればいいのです。

リスニングにも応用できる、「共通認識」の発想

Today, the actors are on the set of the action film *Crazy Fighter*.

今日、高倉組の俳優たちは、アクション映画『クレイジーファイター』の撮影を行っています。

[EE 2019年3月号「ヤクザから俳優へ 悪役専門芸能事務所の社会復帰支援が話題に」p.62]

元ヤクザを支援する芸能事務所「高倉組」の記事です。総称的に「俳優たち」ならば、theがつかないactorsですが、ここでは「元ヤクザの俳優たちという特定集団」なので、the actorsとなるわけです。まさに「特定集団」というニュアンス通りですね。実際にEEでも、このthe actorsを単なる「俳優たち」ではなく「高倉組の俳優たち」と訳していました。

また、その記事の中には、pay the bills「生計を立てられるだけの収入をかせぐ」という熟語も載っていました(EE 2019年3月号p.61)。これもthe billsですから「特定の複数の支払い」、つまり「自分の生活に必要な複数の支払い」というイメージで理解すると、なぜtheがついているのか、複数形になっているのかを納得して記憶にとどめることができると思います。

theに関しては文法だけでなく、リスニングでもその悩みをよく聞きます。皆さんの中にも「theなどが聞き取れないことがよくある」と悩む人は多いと思います。確かに軽く発音されるので、全て聞き取るのは至難の業なのですが、実はこの「共通認識」という発想を持っていれば、仮にtheが聞き取れなかったり、もしくはtheなのかaなのか自信を持てなかったりするときも、「ここでは共通認識できるからtheのはず」という文法的知識でリスニングを補うことができます。この発想は実際、英語ネイティブも頻繁にやっていることです。今回の知識で、リーディングのみならず、リスニング、そしてライティングとスピーキングにおいても、自信を持ってtheを使えるようになる場面が増えることと思います。

学んだことを生かしてCNNニュースを読み解こう ▶

CNNニュースで力試し！ 13

悪役専門の芸能事務所「高倉組」は、元暴力団員の人々も多く受け入れ、芸能を通じた社会復帰支援を行っている。周りの目や偏見により、その後のキャリアが難しい「元ヤクザ」の過去を個性として生かそうとする高倉組の思いと、俳優たちの素顔に迫る。

Today, the actors are on the set of the action film *Crazy Fighter*. As usual, they're playing villains, with customs that are known to those who were in the yakuza. Their organizations operate in secrecy. It's a dark world full of unwritten honor codes and strict hierarchies that they want to share with a larger audience.

[EE 2019年3月号「ヤクザから俳優へ 悪役専門芸能事務所の社会復帰が話題に」p.62]

□ villain	悪党、悪人
□ custom	習慣、慣行、習わし
□ operate	活動する
□ in secrecy	ひそかに、隠れて、人目を忍んで
□ dark world	裏社会
□ unwritten	書かれていない、慣例による、口承の
□ honor code	行動規範、倫理規定
□ hierarchy	階層制、序列
□ audience	観客、視聴者

和訳

今日、高倉組の俳優たちは、アクション映画『クレイジーファイター』の撮影を行っています。いつものように、彼らは悪役を演じています。ヤクザの組織にいた者にとってはなじみのしきたりを踏まえて。ヤクザの組織は闇の中で隠れて活動しています。それは、暗黙の行動規範や厳格な序列に満ちた暗黒の世界で、これらをより多くの視聴者に伝えたいと彼らは考えているのです。

「高倉組」は、東京を拠点に活動する悪役専門芸能事務所(右)。
高倉組組長の倉本宙雨(そう)さんは、社会貢献を通じた支援復帰として、芸能が一番だと語る(上)

14 most of? almost of? most＋名詞? most the＋名詞…? ofとtheの有無を整理する

mostやalmostなどの単語の意味を理解する(読む・聞く)のにはさほど苦労はしない方も多いかもしれませんが、いざ自分で使う(書く・話す)となると、その使い分けや、theの有無に絶対の自信を持てる人は少なくなるのではないでしょうか？　前項は「定冠詞theは共通認識から考える」というお話でしたが、今回はちょっと細かく、文法書でもきちんと説明されることがないtheの話をしていきます。

まずは試しに、それに関する問題に挑戦してみてください。

問　次の表現で、英語として正しいものには○、正しくないものには×をつけましょう。

① most women
② almost women
③ most of the women
④ almost of the women
⑤ most the women
⑥ all the women
⑦ most of women
⑧ all of women

こうやってあえて問われると、意外と苦労するのではないでしょうか？　一見ややこしく見えますし、マニアックなものだと思われるかもしれませんが、実は難関大学の入試でもよく問われる内容なのです。まだいまいち自信が持てない人でも、ポイントを押さえれば10分もしないうちに完璧にできるようになります。ここでは、3つのポイントから解説していきます。

❶「品詞」からの視点

(1) one、some、many、most、allなどは「形容詞と代名詞」

形容詞は名詞を修飾するので、「形容詞と名詞(代名詞)は相性が良い」とイメージすると理解しやすいと思います。one、some、many、most、all などには「形容詞」としての用法(名詞を修飾する)があります。

それに加えて、「代名詞」の用法もあります。“代名詞 of (the) 複数形”という形でよく使われます。

(2) almostは「副詞」

almostはmostとまったく違うものなのです。mostは「形容詞・代名詞」として使われますが、almostは「副詞」です。副詞のalmostは名詞を修飾することができません。

almostは例外的に「もともと形容詞だったものが名詞になったもの」や「形容詞っぽさを持つ単語」は修飾できます(例:almost all of the boys、almost everything)。

ここで、冒頭の問題のうち、以上の観点から解けるものを見ていきましょう。

① most women

〇 most+名詞の形で、mostは形容詞です

② almost women

× almostは副詞なので名詞を修飾しません

③ most of the women

〇 mostは代名詞です

④ almost of the women

× almostは副詞で、代名詞の働きはありません

❷ ofの有無

A of B「Bの中のA」は、“部分集合 of 全体集合”の関係ですが、このof が「イコール」の役割になっている場合、例えば “all of (=) the boys” の場合、この「イコールの働きになるof」は省略可能と考えることができます。冒頭の問題を使うと、次のようになります。

⑤ most the women

× most of the womenのofは「イコールではない」ので省略できません

⑥ all the women

○ all of the womenのofは「イコール」なので省略できます

ちなみにこの「イコール」ですが、これが「2分の1」の場合も同じ現象が起きます。half (of) the priceのように、ofはあってもなくてもOKなのです。ただ、twice the size「2倍」のように「～倍」を表す場合には、ofは付きません。

❸「特定名詞」という考え方

A of B「BのうちのA」という意味になるとき、このofを「部分のof」と呼びます(大半の辞書でも「部分」という見出しになっているはずです)。この「部分のof」の後ろには必ず「特定名詞」がつき、次の3パターンがあります。

特定名詞3パターン

① **the**　例：one of the boys

② **所有格**　例：one of my friends　「私の(友人)」と言えば特定できますね

③ **代名詞**　例：one of them　「代名詞」はどれを指すか特定できます

「ofの後にはtheがくる」と書いている文法書もありますが、あくまで「“部分のof”の後にはtheがくる」というのが正しい考え方です。

ちなみに、なぜ後ろに特定名詞がくるかというと、“ 部分集合 of 全体集合 ”の形では、全体集合を「特定化」して、「その特定集団のうちの○○」と示さないといけないという英語のルールがあるからです。そこで、特定化するためにtheをつけたりmyをつけたりする、というわけです。

⑦ **most of women**

× most ofの後にはtheが必要です

⑧ **all of women**

× all ofの後にもtheが必要ですね

論理がわかれば、聞きもらさない！

In France, it is buying sex rather than selling it that is illegal, but the police say that most of the women who work here are slaves.

フランスで違法とされているのは、売春ではなく買春ですが、警察は、ここで働く女性のほとんどは(強制的に売春をさせられる性的)奴隷だと言います。

[EE 2019年2月号『夜になると一変 売春行為が横行するパリ・バンセンヌの森』p.65]

ここでmost of the womenという表現が使われていますね。しっかりとofもtheも使われているわけです。

また、リスニングの際にこのtheを聞き取れなかったという人もいるでしょうが、most of womenという表現が存在しない以上、一瞬で、そして自力でtheを補って考えることができるわけです。以上をしっかり理解しておけば、英文を書くときも話すときも、自信を持って正しい表現を使いこなせるようになりますよ。

ちなみに、英文の前半はIt is A rather than B that...「…なのは、実はBというよりむしろAだ」という強調構文です（詳しくはpp.169-174）。

解答　①○　②×　③○　④×　⑤×　⑥○　⑦×　⑧×

学んだことを生かしてCNNニュースを読み解こう ▶

CNNニュースで力試し！　14

バンセンヌの森はパリ東部にある広大な森林公園。昼間はのんびりとした憩いの場だが、夜になると売春が行われる場所へと一変する。ここで売春をする女性の9割が人身売買の被害者だという。

A nighttime exchange in Paris's largest park, the Bois de Vincennes. With just a nod, a prostitute is led into the bushes. In France, it is buying sex rather than selling it that is illegal, but the police say that most of the women who work here are slaves. Nadej—not her real name—used to be one of them.

"If you go to Vincennes, you ask questions—90 percent are slaves; 90 percent." (Nadej, Former Sex Slave)

［EE 2019年2月号「夜になると一変 売春行為が横行するパリ・バンセンヌの森」p.65］

□ **exchange**	やり取り、会話
□ **Bois de Vincennes**	バンセンヌの森　▶パリ東部の森林公園。
□ **nod**	うなずき、会釈
□ **prostitute**	売春婦、遊女、男娼
□ **bushes**	灌木(かんぼく)の茂み、やぶ
□ **buying sex**	買春
□ **selling sex**	売春
□ **illegal**	不法の、違法の、非合法の
□ **slave**	奴隷

和訳

パリ市内最大の公園、バンセンヌの森の中での夜のやりとり。うなずくだけで売春婦がやぶの中に導かれていきます。フランスで違法とされているのは、売春ではなく買春ですが、警察は、ここで働く女性のほとんどは(強制的に売春をさせられる性的)奴隷だと言います。ナデジュさん――仮名ですが――も、かつてはその1人でした。

「バンセンヌに行って聞いてみると、90%が奴隷だとわかります、90%が」(ナデジュ　元性的奴隷)

性的奴隷として売春させられていたというナデジュさん(上)。昼間のバンセンヌの森(下)は犬の散歩をする人やブールで遊ぶ人でにぎわう憩いの場だが……

15 ライティングでもカギになる、見落とされがちな副詞の用法① 副詞の「限定」用法

皆さんが今までに何度となく見たことのある形でありながら、そもそも一般の文法書できちんと説明されることがない副詞の用法を扱います。全部で3つの用法を紹介したいので、3回に分けてじっくり説明していきます。

まずは大学入試の問題に取り組んでみてください。そしてその解説を通して、今回のテーマに触れていきます。古い出題ではありますが、非常に良い問題です。

問　与えられた語句を用いて、12語の英文にしなさい。
彼はアフリカに出発する3日前に私を訪ねてきた。
[see/left] ____________________

［早稲田大学 法学部］

まず英文の骨格となる“主語＋動詞”は「彼は訪ねてきた」ですね。「訪ねた」はvisitedを使いたくなりますが、語群にseeがあるので「私に会いに来た」と考え、He came to see me...とします。次に「出発する（した）」は、語群のleftを用いて、left for「～に向かって出発した」の形にします。さらに、和文に「前に」とあるので、接続詞beforeでつなぐと、次のようになります。

He came to see me before he left for Africa.

これで文の骨格は完成ですが、このままでは、アフリカ出発の「3日前」が示せていない文になっていますね。そこで、beforeの前にthree daysを置けば完成です。

正解　He came to see me three days before he left for Africa.

❶「限定」という感覚

ここで大事なのは、「beforeの前にthree daysを置く感覚」です。文法的に説明すると、「before以下の内容を、three daysが"修飾(限定)している"」といえます。この感覚を、EEで使われた例で確認してみましょう。

This ouster comes just three days after the arrest of Carlos Ghosn on allegations of financial misconduct, including understating his income and also possibly using corporate funds for personal gain.

この解任劇が起きたのは、会計上の不正行為の容疑によりカルロス・ゴーン氏が逮捕されたわずか3日後のことでした。不正行為の内容は報酬の過少報告、および会社の資金を私的な利益のために使ったとされる容疑です。

[EE 2019年2月号「日産ゴーン会長、逮捕・解任」p.78]

もしこの文が、just three daysのない、"This ouster comes after the arrest of Carlos Ghosn...personal gain." であれば、追放が逮捕の直後なのか、はたまた1年後なのかハッキリしませんね。そこで、afterの直前にjust three daysという修飾語句をつけることで「逮捕のわずか3日後」と限定しているわけです。

❷ 数を含む名詞句が「副詞」のように働く

ちなみにここでは、just three daysは副詞のように働いています。こうした、数を含む名詞句が副詞的な働きを持つことがよくあります。

たとえば "I'm 44 years old." など、おなじみの例でも使われているわけです。単に、"I'm old." と言えば「年をとっている」という意味ですが、そのoldの前に数字を置いて、「どれくらい年をとっているのか」を限定しているのです。

❸ 英英辞典でも実例をチェック！

この「限定」する用法ですが、今回のようにafter... の前にthree daysのような時間表現を置くだけでなく、soonが置かれて、soon after「〜のすぐ後に」という形になることもよくあるので、見覚えがある人も多いでしょう。

ちなみにコウビルド英英辞典のsoonの記述では、afterの前にsoonを置いた用法と、時間を表す名詞句(a short time)を置いた例を一緒に確認することができます。

If something happened soon after a particular time or event, it happened a short time after it.

前半のsoonが、後半ではa short timeに変換されていますね。どちらの使い方も可能だということが証明されています。

CNNニュースでの使われ方

さて、以上の内容は、英語上級者であれば、「なんとなくわかっていた」と思いながらも、きちんと理論として整理できていなかった人も多いのではないでしょうか。このように整理することで、もっと難しい英文に出合っても応用が利くのです。その応用例をEEで使われた文で見てみましょう。「人工子宮」の実用化についての記事です。

Well, for now, doctors say (that) the routine clinical use of a device like this is at least a decade away.

ただ、今のところ、医師たちが言うには、このような装置が日常的に臨床で使用されるようになるには少なくとも10年はかかるようです。

[EE 2017年9月号「超未熟児を救う『人工子宮』 ヒツジの胎児が正常に発育」p.69]

doctors say (that) ...で、このthat節の中の基本構造は、S is away.「Sが離れている」となっています(ちなみに、Sはthe routine clinical use...like this)。

ここまでお読みの皆さんならもうおわかりでしょうが、このままだと「どのくらい離れているのか」が漠然としているので、このawayの前にa decadeを置くことで「10年離れている」と限定して、さらにat leastをつけているのです。直訳は「(今から)少なくとも10年は離れている」で、和訳では「少なくとも10年はかかる」となっています。

皆さんに紹介したい副詞の用法の1つ目、「限定」の用法の説明は以上です。さまざまな場面で見られる、程度の範囲を限定する副詞の働きをしっかりマスターしてください。

次項では2つ目の用法を解説します！

学んだことを生かしてCNNニュースを読み解こう▶

CNNニュースで力試し！

15

早産のため未熟児として生まれてきた赤ちゃんは、状態に応じて保育器や集中治療室で慎重に育てられることになるが、障害が残る場合もある。こうした問題を解決するため、「人工子宮」の実用化に向けた研究が進められている。

Some worry science would allow babies the chance to stay alive longer only to suffer rather than die peacefully. Others speculate whether women in the future would use the artificial womb instead of carrying a child to full term. The last trimester is often the hardest, and giving birth carries its own risks.

And then there are concerns about a baby raised in a machine being denied a human connection—the chance to hear their mother's heartbeat and parents' voices.

Well, for now, doctors say the routine clinical use of a device like this is at least a decade away.

[EE 2017年9月号「超未熟児を救う『人口子宮』 ヒツジの胎児が正常に発育」pp.68-69]

□ **speculate whether**	～かどうかと思案する、推測する
□ **womb**	子宮
□ **carry a child**	子を宿す、妊娠する
□ **to full term**	臨月の出産予定日まで
□ **trimester**	(妊娠期間の)3カ月間
□ **deny A B**	AにBを与えない
□ **routine**	ありふれた、ごく普通の
□ **clinical use**	臨床での使用
□ **be...away**	…先である

和訳

一部で心配されているのは、科学の力で早産児に生き延びるチャンスを与えても、結局安らかに死を迎えられずに、かえって苦しむだけなのではということです。また一部では、将来女性たちが出産予定日まで待たず、人工子宮を使うようになるのではないかという意見もあります。妊娠後期の3カ月間は概して一番つらく、出産そのものも危険を伴うからです。

そして、さらに懸念されているのは、装置で育てられた赤ん坊は人とのつながりを断たれるということ——母親の心臓の鼓動や両親の声を聞く機会を与えられないということです。

ただ、今のところ医師たちが言うには、このような装置が日常的に臨床で使用されるようになるには少なくとも10年はかかるようです。

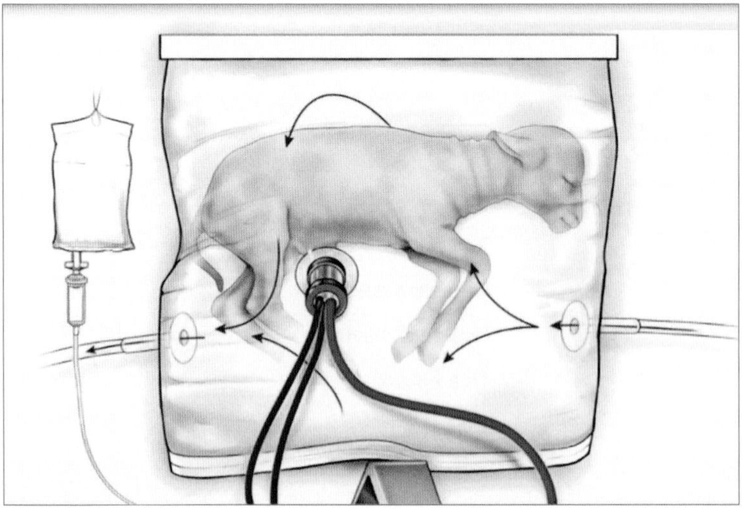

子宮の環境や機能を再現し、ヒツジの胎児を4週間生育させることに成功した

16 ライティングでもカギになる、見落とされがちな副詞の用法 ② 副詞を並べる「同格」の用法

前項では、文法書できちんと扱われない「副詞の3用法」の1つ目として、「限定」の用法を解説しました。ここでは2つ目の用法を解説していきます。

「見落とされがちな副詞の用法」の2つ目は「同格」の用法です。よく大学受験の英語長文の問題集に、「英語では、抽象→具体の流れに沿って話が展開される」と書かれています。まずは抽象的に述べてから、その後で具体的に説明していくという流れです。

実は、これは長文に限らず、1つの英文の中でも起こる現象で、特に副詞を使って最初に漠然と述べた後、すぐに具体的に言い換えることがよくあります。これもEEの文を使って説明します。

なおここでは、2つの副詞を並べているので、「同格」の用法と呼びたいと思います。この「同格」と、前回の「限定」という用語は僕の自作です。文法書で取り上げられることのない内容のため、統一された用語は存在しないかと思いますので、自作して使っています。

❶ 時間の「同格」

So this job—you know, I finally made it here, <u>back in 2014</u>, almost five years ago.

それで、この仕事です――その、ついにここにたどり着きました、2014年に、5年前近くのことです。

[EE 2019年4月号「エース記者ウィル・リプリー『今こそ問われるCNNの使命』」p.85]

back in 2014の部分が、ここで取り上げる同格の用法にあたります。まずはbackという「漠然とした副詞」を出して、その後に、in 2014という「詳しい副詞句」で説明するという流れです。言い換えれば、まずは意味の範囲が広い副詞で白黒ハッキリさせて、その後で前置詞(in)を使って詳しく述べるようなイメージです。

このback in 2014をくどく訳してみると、「今から昔に戻って(back)、それはつまり2014年のこと(in 2014)です」となりますが、この発想は日本語にないため、訳す際は、最初の漠然とした副詞は訳出されないこともあります。ちなみに直後のalmost five years agoは、back in 2014の単なる言い換えです。

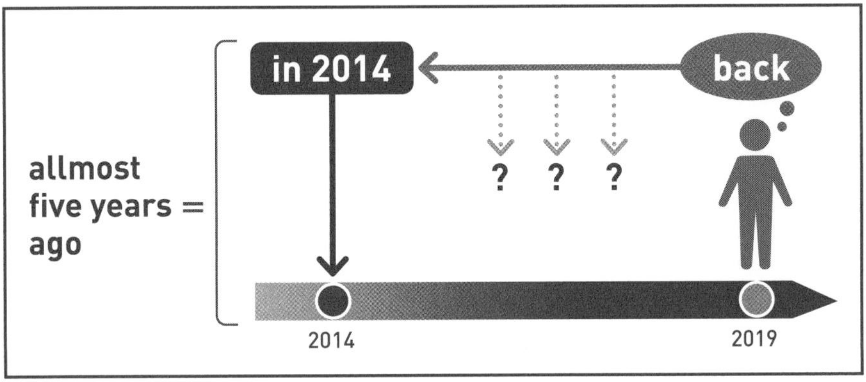

❷ 場所の「同格」

もう1つ、同格の例を見てみましょう。この英文では、here in the USの部分に注目してください。ここの意味が正確にわかるでしょうか？ できればその部分を、翻訳家になったつもりで日本語にしてみてください。

We have more breaking news tonight. The FBI's taking action here in the US after today's attacks in New Zealand.

[EE 2019年6月号「NZのモスク襲撃事件で約100人が死傷」p.92]

here in the USでは、まずhereと漠然と言ってから、その後にin the USと詳しく述べています。このhere＝in the USという同格の関係を見抜くことがポイントです。

これをよくわかっていないと、「アメリカのこの地域で」のように、「アメリカの中の一部の地域を表す」と思ってしまう人が上級者にも多いのですが、それは誤解です。

hereの内容

×　「アメリカの一部の地域」「アメリカの中のここで」

○　「アメリカ全土」「ここアメリカで」

従って、here in the USの訳出は、hereを無視して「アメリカで」とするか、もしくはhereまで意識して「ここアメリカで」のようにするのが翻訳の定石です。EEの和訳でもそうなっていますね。

[和訳]

今夜は、他にもニュース速報があります。今日のニュージーランドでの銃撃事件を受けて、FBIは、<u>ここアメリカでも</u>対応に着手しました。

「同格」を使った意図を考察してみる

さらにこの英文への理解を深めていきましょう。ここであえて同格のhere in the USを使っている話者の意図を考えてみたいと思います。

ここでのポイントは、文末のin New Zealandです。このニュースは、「ニュージーランドで銃撃事件があった」という内容ですが、それを受けて「(ニュージーランドではなく)ここで、つまりアメリカで」対応が始まったことを強調するため、here in the USを用いていると思われます。ニュージーランドでの事件に意識が向いてしまうリスナーの注意を、hereと言うことで一気に自分たちのいる場所、つまりアメリカに引き寄せておくわけです。このhereがジワリと効いている感じを、皆さんにつかんでほしいと思います。

次項では、見落とされがちな副詞の用法の最後として「強調」の用法を解説します。

学んだことを生かしてCNNニュースを読み解こう ▶

CNNニュースで力試し！

16

アジアを拠点とする特派員としてアジア各国を飛び回るCNNの看板記者の1人、ウィル・リプリー。CNNEE独占インタビューで、ジャーナリストを志すきっかけ、日本での取材で最も記憶に残っていること、CNNが今後目指すところを語った。

So this job—you know, I finally made it here, back in 2014, almost five years ago. So it's the, kind of, realization of a lifelong dream. And it happened after 15 years of working in news in the United States. And I actually flew myself to New York and walked into CNN and s... asked them to meet with me. They weren't sear...seeking me out; I went and found them and, two years later, finally was able to get the job.

[EE 2019年4月号「エース記者ウィル・リプリー『今こそ問われるCNNの使命』」p.85]

□ **make it**	(うまく)たどり着く、入り込む
□ **realization**	実現、成就
□ **lifelong dream**	生涯の夢
□ **fly oneself to**	自費で～へ飛行機で行く
□ **walk into**	～に足を踏み入れる
□ **meet with**	～と会う、面談する
□ **seek...out**	…を探し出す、見つけ出す

和訳

それで、この仕事です――その、ついにここにたどり着きました、2014年に、5年近く前のことです。ですから、まあ、子どもの頃からの夢が実現したわけですね。15年間アメリカの報道界で働いた後のことです。実は自分からニューヨークに飛んでCNNに出向いて面談を申し入れたんですよ。向こうが私をスカウトしたわけではありません。こちらから求めていったんです。そして2年後、ついにこの仕事を得ることができました。

今やCNNを代表するリポーターの1人となったウィル・リプリー氏(上左)。日本での報道活動では、「ふなっしー」への取材が特に印象に残っているという(上右)。今回のインタビューは、EEの編集長が香港で直接敢行した独占取材(左)

17 ライティングでもカギになる、見落とされがちな副詞の用法③ 副詞の「強調」用法

3回にわたって解説してきた副詞の用法もこれが最後です。今回は、副詞rightを使った「強調」の用法を紹介していきます。名詞、形容詞としておなじみのright には、副詞として「時間・場所」の直前に置くことで、直後の語句を強調できるという働きもあるのです。

皆さんはこれまでにright now「今すぐ」という表現を何度となく目にしているはずですが、これを熟語として教わるので、なんとなくそのまま暗記してしまいがちです。しかし、実はこれはnowの前に副詞のrightを置いて「今すぐ！」と強調している用法なのです。EEで使われた例を見てみましょう。

"Can you think of any laws that give the government the power to make decisions about the male body?"
"I'm not thinking of any right now, Senator."

「(人工妊娠中絶の場合のように)何か法規を思いつきますか、男性の体についての決定権を政府に与える法規を」
「いいえ、今すぐには思いつきません、上院議員」

[EE 2019年5月号「目指すは『初の女性大統領』米民主党の新星カマラ・ハリスとは？」p.54]

公聴会でハリス上院議員に矢継ぎ早に質問されたカバノー氏の返答です。「後でなら浮かぶかもしれないけれど、今この瞬間だけは浮かばない」と、まるで言い訳でもしているかのような発言のように僕には思えます。

❶ right hereは「ここの右」なんかじゃない

p.102の例文は時間の強調ですが、次の例は場所を強調した文です。よくあるのがright here「まさにここで」です（実際にどう強調するかは前後の内容によります）。

余談ですが、大学入試のリスニング試験では道案内は頻出問題なので、このright hereもよく登場します。すると、筆記試験では絶対にミスしないような優秀な受験生が、このright hereを「ここの右側」なんて誤解してしまうことがあるのです。

さて、ここでEEでの例を見てみましょう。「将来、労働人口が半減する」というニュースに出てきた英文です。

All this means that Japan could lose a percentage point of GDP growth over the next three decades, according to the IMF. Some proposed solutions include worker robots or a freer immigration system, but there's one woefully underused resource right at home: women.

これら全てのことは結果的に、IMFによると、今後30年にわたり日本の（年平均）GDP成長率を1パーセンテージポイント引き下げるかもしれません。解決案の中には、労働者ロボットや移民制度の緩和などが含まれています。しかし、お膝元の日本で、活用が極めて不十分な資源が1つあります。女性です。

［EE 2019年1月号「人口減少社会を突き進む日本 労働力不足解消のカギは『女性』」p.78］

労働人口減少の解決策としてロボットの活用や移民政策が挙げられる中、「そんな外の世界に目を向けなくても、まさに国内にいるじゃないか」ということで、at homeの前にrightを置いて、「他のどこでもなく、まさに国内で」と強調しているわけです。

❷「強調」と「同格」

次は「強調」と、前項で紹介した「同格」が一緒に使われた例を見てみましょう。下線の部分に注目してみてください。

The rescue drone is just one of a number of high-tech innovations installed here at Al Mamzar Beach Park, the region's first "smart park," right here in Dubai.

この救助用ドローンは、ここ、アル・マムザー・ビーチ・パークに導入されている数多くのハイテクな新発明品の1つにすぎません。この公園は、まさにここドバイにできた、地域初のスマートパークです。

[EE 2019年5月号「砂漠の中の近未来都市 UAEドバイのスマートシティー」p.61]

まずhere at Al Mamzar Beach Park のところで「同格」になっています。here と言ってから、at Al Mamzar Beach Parkと詳述しているわけです。

前項の「同格」の解説(pp.97-101)でお話しした通り、here at Al Mamzar Beach Parkは、決して「公園のここ」と考えてはいけませんね。here = at Al Mamzar Beach Parkの関係で、「ここ〜では」と考えます。

最後のright here in Dubaiでは、rightはhereを「強調」しています。さらにhere in Dubaiでは「同格」となっています。「強調」と「同格」の用法が一緒に使われているわけです。

wayにも「強調」の働きがある

名詞として「道」や「方法」でおなじみのwayという語にも、right同様、副詞としての強調の働きがあります。辞書では「副詞のway」として載っており、「ずっと、はるかに」といった意味になります。

先ほどの強調のrightは上級者の方なら知っていたかもしれませんが、この「強調のway」まで知っている方はかなりの英語エキスパートだといえるでしょう。

予備校講師としての僕の経験からだと、例えば東大に受かる生徒の副詞rightの認識率はほぼ100%ですが、wayのほうは30%以下だと思います(ちなみに東大ではこの強調のwayがズバリ出題されたことがあります)。さて、その強調のwayが実際のCNNニュースで使われた例を見てみましょう。

And then, she joined Facebook way back in 2010.

(インスタグラムに先立って)ちなみに女王はフェイスブックにも登録した、だいぶ前の2010年に。

［EE 2019年6月号「エリザベス女王が『インスタ』デビュー」p.33］

back in 2010のbackは、直後のin 2010を導く「同格」ですね。そしてその直前に、wayがついて「だいぶ前の」と強調しているわけです。このwayは、大学受験ではあまり出てきませんが、CNNではよく聞きますので、ぜひ覚えておいてください。

学んだことを生かしてCNNニュースを読み解こう ▶

CNNニュースで力試し！ 17

中東に位置するアラブ首長国連邦のドバイでは、政府が積極的にスマートシティー化の取り組みを進めている。スマートシティーとはICT（情報通信技術）を用いてエネルギーや交通などのインフラを管理することで環境負担を減らし、エネルギー効率や生活の質を向上させる次世代型都市のこと。

> The rescue drone is just one of a number of high-tech innovations installed here at Al Mamzar Beach Park, the region's first "smart park," right here in Dubai. Developed by the Dubai Municipality, the park is brimming with smart technologies designed to attract more visitors, providing a new way to modernize public spaces.
>
> [EE 2019年5月号「砂漠の中の近未来都市 UAEドバイのスマートシティー」p.61]

□ **a number of**	多数の、たくさんの
□ **innovation**	新しく工夫したもの
□ **install**	～を導入する、据え付ける
□ **develop**	～を開発する、作り上げる
□ **Dubai Municipality**	ドバイ市政庁　▶municipalityは市町村などの「自治体」の意。
□ **brim with**	～でいっぱいである、～に満ちあふれる
□ **attract**	～を引き付ける、招く
□ **provide**	～を提供する、用意する
□ **modernize**	～を現代化する、最新式にする
□ **public space**	公共の場

和訳

この救助用ドローンは、ここ、アル・マムザー・ビーチ・パークに導入されている数多くのハイテクな新発明品の1つにすぎません。この公園は、まさにここドバイにできた、地域初のスマートパークです。ドバイ市政庁が開発したこの公園には、より多くの来訪者を呼び込むために設計されたスマート技術があちこちに取り入れられており、公共スペースを最新式にする新たな方法を提供しています。

救助用ドローンの試験運転では、助けを待つ人のもとに小型の浮き具を届けることに成功した

18 関係代名詞whatの特殊性を考える

関係詞は理論で理解する分野ですから、きちんと考えないと永久に理解できません。逆に言うと、理屈で考えれば全てがスッキリする分野なのです。今回はいつも以上に文法用語が出てきますが、「文法が苦手」「理屈で考えたことがない」という方にこそ、ぜひ読んでほしい内容です。

＊　＊　＊

関係詞というのは、関係代名詞・関係副詞・関係形容詞などをまとめた総称です。関係詞といえば、「関係代名詞と関係副詞の違い」などが取り上げられることが多いですね。確かにそれも大事なのですが、それはまた別の機会ということで、今回はもっと大きな視点から関係詞を眺めてみたいと思います。大きな視点というのは、「関係詞が何節をつくるのか」という、意味を取る上で非常に重要な視点です。その視点で見ると、関係詞は大きく2つに分けられます。

(1) 純粋関係詞グループ → 形容詞節をつくる
(2) 一匹狼のwhat → 名詞節をつくる

(1)関係代名詞(who/whichなど)や関係副詞(when/whereなど)、前置詞＋関係代名詞(in whichなど)は形容詞節(名詞を修飾する形容詞のカタマリ)になります。要するに、関係代名詞であろうと、関係副詞であろうと、前置詞がくっついていようと、「前にある名詞を修飾(つまり説明)するものだ」と考えればいいのです。

(2)関係代名詞whatだけは特殊で、関係代名詞と呼ばれながらも、形容詞節ではなく、名詞節をつくります。昔から学校では「関係代名詞whatは先行詞を含み、『もの·こと』と訳す」と説明されることが多いのですが、「先行詞を含む」ということはつまり「名詞のカタマリをつくる」と考える方が実践的です。そして「名詞のカタマリ」ですから、「もの・こと」のように名詞っぽく訳すのはある意味当然と言えるでしょう。

ちなみにwhoやwhichなどの関係代名詞と同様に関係代名詞whatは、「後ろの名詞が1つ欠ける」ことにも注意してください。例えば、what I have「私が持っているもの」であれば、whatの後に続くI haveは「haveの目的語がない状態」なのです。haveの直後にあった名詞がwhatになって、what I haveの形になったと解釈することもできます。それではEEの例を見てみましょう。

"What we thought was a sanctuary is no longer, because poachers have discovered that this is an area where big bulls concentrate."

「私たちが聖域と考えていたところはもはやそうではなくなっています。なぜなら、密猟者たちは、ここが大きな雄のゾウたちが集まってくる地域であるということに気付いてしまっているからです」

[EE 2019年10月号「"ゾウの楽園ボツワナ" で一体何が？ 政府がアフリカゾウの狩猟解禁」p.56]

①先頭のWhat we thought was a sanctuaryは「名詞のカタマリをつくって、isの主語」になっています。

②We thought (that)【本来ここにwasの主語】was a sanctuaryという文全体を名詞節にするために【wasの主語】をwhatに置き換えて先頭に持ってきた形になっているパターンです。

補足的に細かいことに2点触れます。

(a)このWhat we thought was a sanctuaryは、「we thoughtを挿入と考えよう」と説明されることが多い(予備校で聞くと99%の生徒はそう習っています)のですが、we thoughtの前後に一息ついていれば(文字に起こされているなら、前後にコンマがあれば)挿入と考えることもできますが、そうでない場合に挿入と考えるのはこじつけになる可能性があります。関係詞は理屈で考えるべきなのです。

(b) What we thought was a sanctuary is no longerにはisの後の説明(文法用語では「補語」と言います)がないので、「no longerのあとにa sanctuaryを補って考える」必要があります(これはEE掲載時にも解説されていた内容です)。

疑問詞whatも同じように考える

実は関係代名詞whatと、(間接疑問文をつくる)疑問詞whatは、同じ構造をつくります。もちろん訳語は違います(関係代名詞whatは「もの・こと」、疑問詞whatは「何」)。しかし、実際にはどちらとも解釈できるケースがたくさんあります。以下の記事にはwhatが6つも出てきます。その中には疑問詞で捉えた方がいいものもありますが、いずれにせよ「whatは名詞のカタマリをつくる」「whatの後ろは名詞が欠ける」という大事な2点は同じですから、その点を意識しながら下の英文を読んでみてください。ただし、5つ目の(no matter) what the president saysは複合関係代名詞というものなので、今回は割愛させてください(saysの目的語が欠けているのは同じなのですが)。

And ①what Donald Trump has done all...all over the world is move from a multilateral, multinational approach to solving global problems to a unilateral approach. And ②what he's done is he's now created this huge laundry list of problems for himself, because he's not working with other countries anymore... People around the world are wondering ③what's going on with America right now, because of ④what they see on TV, and Donald Trump is a very different president. But most people in the United States still want to have relationships and friendships with other countries around the world. I don't think that changes, no matter who the president is or what the president says. And so ⑤what I've been telling folks is: Don't lose faith in the United States. Don't lose faith in America.

ドナルド・トランプが世界中でやっているのは、グローバルな問題を解決するための多国間の多元的な路線から(米国単独で、という)一元的な路線への移行です。彼が何をやっているかというと、自力で取り組まなければならない問題の長大なリストを作ってしまったわけです、他国とはもう連携していませんからね。(中略)世界中の人が疑問に思っているでしょう、今現在アメリカがどうなっているのか。テレビでもいろいろ見るし、ドナルド・トランプはきわめて異色の大統領ですからね。とはいえ、大半のアメリカ人は今も世界のさまざまな国と関わりたい、友好的でありたいと考えています。誰が大統領になろうと、大統領が何と言おうと、それは変わらないと思います。ですから、私はいつも皆さんにはこう伝えています、米国に不信感を抱かないでください、アメリカへの信頼をなくさないでください、と。

[EE 2019年10月号「CNNジム・アコスタ記者『報道の自由の番人として』」p.93]

下線①：what Donald Trump has doneは、名詞のカタマリで、isの主語です。
下線②：what he's doneも名詞のカタマリで、isの主語です。
下線③：what's going on は、名詞のカタマリでwonderingの目的語です。
下線④：what they see on TVは、名詞のカタマリでbecause ofの目的語です。
下線⑤：what I' ve been telling folksは、名詞のカタマリで、isの主語です(tellは2つ目的語をとり、うち1つがない)。
※2つ目と3つ目は疑問詞「何」で解釈した方が意味が自然になります。

学んだことを生かしてCNNニュースを読み解こう ▶

CNNニュースで力試し！ 18

アフリカ南部のボツワナはここ数年、絶滅の危機にひんするゾウの狩猟を禁じる措置を取り、環境保護活動を進めたことで国際的な評価を受けていた。しかし、2018年の大統領交代を機に一転、政府は再び狩猟解禁に向けて動き出し、密猟者の増加も後を絶たない状況に。

※p.43と同じニュースからの引用です。

But commercial hunters will target bull elephant[s], deep in the wilderness, far away from people. The poachers are already here.

"What we thought was a sanctuary is no longer, because poachers have discovered that this is an area where big bulls concentrate." (Mike Chase, founder, Elephants without Borders)

[EE 2019年10月号ニュース2「"ゾウの楽園ボツワナ" で一体何が？ 政府がアフリカゾウの狩猟解禁」p.56]

□ **commercial**	商業の、営利目的の
□ **target**	～を狙う、標的にする
□ **bull**	①雄の　②雄
□ **wilderness**	手つかずの自然地域、原生地域、原野
□ **poacher**	密猟者、密漁者
□ **sanctuary**	保護区域、禁猟区
□ **no longer**	もはや～ない
□ **concentrate**	一カ所に集まる、集結する
□ **founder**	創設者、創業者
□ **Elephants without Borders**	国境なきゾウたち ▶主に南アフリカで活動している、ゾウの保護団体。

和訳

しかし、営利目的のハンターたちが狙うことになるのは雄のゾウで、原野の奥深く、人里離れたところなのです。密猟者たちはすでにここにやってきています。

「私たちが聖域と考えていたところはもはやそうではなくなっています。なぜなら、密猟者たちは、ここが大きな雄のゾウたちが集まってくる地域であるということに気付いてしまっているからです」(マイク・チェイス　「国境なきゾウたち」創設者)

ゾウの保護団体「国境なきゾウたち」のチェイス氏

19 “カンマ＋関係詞”を攻略する

「関係詞の前にカンマを置く用法」を、一般的な文法書では「非制限用法」や「継続用法」と呼び、「前の内容に対する補足説明をする」と軽く紹介されていることが多いです。しかしCNNでは非常によく出てくるので、この用法にスポットライトを当てたいと思います。

まず関係詞の基本として、関係代名詞(who/whichなど)だろうが、関係副詞(when/whereなど)だろうが、“前置詞＋関係代名詞(in which など)”だろうが、全て「形容詞節(名詞を修飾する形容詞のカタマリ)」をつくるということは前項で解説しました。

関係詞の前にカンマがついた場合も「前の名詞(場合によっては前の文の内容)を説明する」という考えは同じです。EEの英文で確認してみましょう。

That hunt came to an end in 1986, when the International Whaling Commission, of which Japan was a member, imposed a worldwide ban on commercial whaling.

その捕鯨(の時代)は1986年に終わりを迎えました。その年、日本が加盟していた国際捕鯨委員会が、商業捕鯨を世界的に禁止したのです。

[EE 2019年10月号「日本の食文化を世界はどう見る？ IWC脱退で商業捕鯨が再開」p.68]

That hunt...in 1986と述べた後の“, when...”で直前の1986年のことを説明しています。このwhenは関係副詞のwhenです(接続詞when「～するとき」で解釈すると意味が不自然になります)。ですから、「～だったのが1986年で、その年に…」と考えるのです。このwhenがつくるカタマリの中に、さらに前置詞＋関係代名詞(of which)が入っています。

【文法構造】

...in 1986【, when the International Whaling Commission [, of which Japan was a member,] imposed...commercial whaling】

ここでのof whichは、of the International Whaling Commissionということです。つまり、もともとはJapan was a member of the International Whaling Commissionで、下線部がof whichとなり前に移動したわけです。もう1つ別の例を確認してみましょう。

New York City comptroller Scott Stringer manages the city's public pension fund, of which $75 million is invested in Tesla.

ニューヨーク市会計監査官のスコット・ストリンガー氏は、市の公的年金基金を管理していますが、この基金のうち7500万ドル(約81億円)がテスラに投資されています。

[EE 2019年3月号「迷走するカリスマ経営者 テスラのイーロン・マスクが会長職辞任へ」p.74]

“..., of which” を見た(聴いた)瞬間に、直前の名詞の説明だと考えて、$75 million of the city's public pension fundのof 以下がof whichになったものだと考えられればOKです。

文頭にくる関係代名詞which

では次の例を見てみましょう。

They're a sharp-hoofed animal, so instead of compacting the ground, they're actually slicing the ground with their hooves, which allows seeds to take root.

鋭いひづめを持つ動物なので、地面を踏み固めるのではなく、彼らは実際そのひづめで地面に切り込みを入れるのです。それによって(草などの)種が根を張れるようになるのです。

[EE 2020年3月号「CNN創設者テッド・ターナーがバイソンを飼育する理由」p.74]

このwhichの先行詞は「前の文の一部」で、ここでは「ひづめで地面に切り込みを入れること」を指します。

普通、関係詞が修飾するもの(先行詞)は、直前にある「名詞」です。しかしwhichには特別な使い方があり、直前の「文」もしくは「文の一部」を先行詞にすることがあります。この場合は、必ず「非制限用法(関係詞の直前にカンマを置く)」で使われます。

The complex is located close to public transportation, which makes it popular with residents who don't have cars.

「その集合住宅は公共交通機関の近くに立地しており、それによって車を持っていない居住者の間で人気になっている」

このwhichの先行詞は、前の文「その集合住宅は公共交通機関の近くに立地している」で、それを受けるwhichは「そのことは」と訳せます。

以上の内容は一般的な文法書にも書いてありますが、which以下が「独立した1つの文になることができる」ということは、ほとんど書かれていません。CNNニュースに登場した例で確認してみましょう。

Gloria Borger: Well, as David was saying, you know, he goes to the top tier of the polling immediately. He's either number one or number two.

Anderson Cooper: Which can be a disadvantage.

グロリア・ボージャー：そうですね、デービッドが言ったように、彼は世論調査ではすぐにトップ集団に入るでしょう。(支持率では)1位か2位につけるでしょう。

アンダーソン・クーパー：それが不利に働く可能性もあります。

[EE 2019年8月号「民主党の本命か、はたまた過去の人か バイデン氏、米大統領選に出馬表明」p.102]

アンダーソン・クーパーの発言は、文頭にWhichがきていますが、このWhichは決して疑問詞「どれ」ではなく、関係代名詞です。

英会話や英検1級のリスニング試験ではよく使われるので、英語上級者の中にはなじみのある人もいるでしょう。アンダーソン・クーパーのWhich can be a disadvantage.では、Whichは前の文を受けて「そのことは(1位か2位につけることは)」と訳せると考えればOKです。

ちなみにこの用法のWhichは、Which means...「それは…ということです」、Which is why...「そういう訳で…」「だからこそ」などの形で使われることも多いので頭の片隅に入れておくといいでしょう。さらに、応用形としてSpeaking of which, ...「そのことに関して言えば…」という決まり文句もありますが、これも前の内容を受けるwhichと考えれば、こんな形になるのも納得ですよね。

学んだことを生かしてCNNニュースを読み解こう▶

CNNニュースで力試し！

日本は国際捕鯨委員会(IWC)の脱退に踏み切り、反捕鯨国や動物保護団体からの反発を押し切って「商業捕鯨」を再開した。伝統的な食文化の保護継承が目的だが、鯨肉を食べる習慣を持たない世代が大勢を占める現代日本において捕鯨事業を持続することはできるのだろうか。

That hunt came to an end in 1986, when the International Whaling Commission, of which Japan was a member, imposed a worldwide ban on commercial whaling.

"That decision was unacceptable," he tells me, "because suddenly we lost our jobs."

But in fact, some Japanese whalers continued killing hundreds of whales every year, mostly in the Antarctic, under a special permit classifying the hunt as scientific research. Animal-rights groups and some Western governments condemned the practice. Last year, Japan announced its abrupt withdrawal from the International Whaling Commission, declaring it would resume commercial whaling again within its own coastal waters.

[EE 2019年10月号「日本の食文化を世界はどう見る？ IWC脱退で商業捕鯨が再開」p.68]

□ **impose a ban on**	～を禁止する、～に対して禁止を課す
□ **whaler**	捕鯨員
□ **classify A as B**	AをBとして分類する、区分する
□ **condemn**	～を厳しく非難する、糾弾する
□ **practice**	慣習、慣行
□ **abrupt**	突然の、唐突な
□ **withdrawal**	脱退、退会
□ **resume**	～を再開する
□ **coastal waters**	沿岸水域、近海

和訳

　その捕鯨（の時代）は1986年に終わりを迎えました。その年、日本が加盟していた国際捕鯨委員会が、商業捕鯨を世界的に禁止したのです。

「あの決定は受け入れがたいものでした」と、彼は私に話します、「われわれは突然職を失ってしまったんですから」と。

　しかし実際には、（その後も）一部の日本の捕鯨業者は毎年、数百頭のクジラを殺し続けました。その大部分が南極圏においてで、その捕鯨を科学的調査という別枠とする特別な許可の下でのことでした。動物の権利団体や一部の西洋諸国の政府はこの慣行を非難しました。昨年、日本は国際捕鯨委員会からの突然の脱退を発表し、自国の沿岸水域で商業捕鯨を再開することを宣言しました。

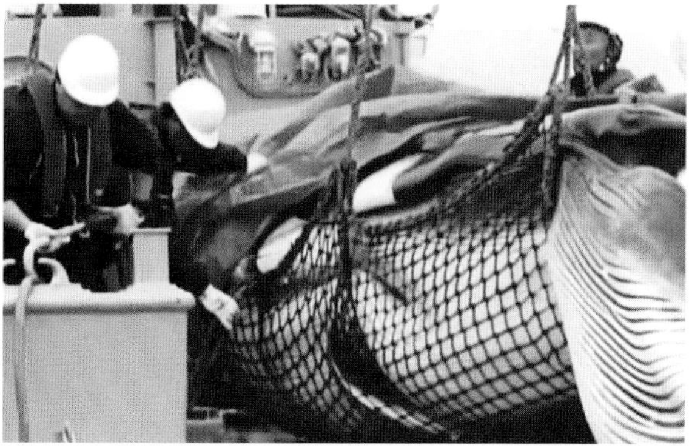

IWCを脱退し、31年ぶりに商業捕鯨を再開した日本。国内からは歓迎の声が上がる一方、反捕鯨国からの反発も大きい

20 「関係詞の非制限用法」と「固有名詞」の関係

「関係詞の非制限用法」のポイントは「関係詞の前にカンマがついて、補足説明をするもの」です(pp.114-119)。よく文法書に載っている制限用法の例ですが、He has three sons who live in Tokyo.「彼には、東京に住んでいる息子が3人いる」という文では「東京に住んでいない別の息子もいる可能性」を残しています。

一方、非制限用法としてカンマをつけて、He has three sons, who live in Tokyo.「彼には息子が3人いて、3人とも東京に住んでいる」とすれば、あくまで「3人の息子」の補足説明をしているので、この場合は「息子は3人だけ」ということを示します。

さて、これからさらに細かいことに触れていきます。文法書や大学受験の問題集では触れられない、もしくはかなりマイナーな扱いをされている内容ですが、CNNの記事には頻繁に登場する用法です。以下の英文を、カンマに注目して読んでみてください。

This winter season, Queen Elizabeth has ditched fur. That's according to the queen's senior dresser, Angela Kelly, <u>who writes in her authorized book</u>: "If Her Majesty is due to attend an engagement in particularly cold weather, from 2019 onwards fake fur will be used to make sure she stays warm."

今年の冬、エリザベス女王はファー(毛皮)をやめた。これは女王の上級衣装係、アンジェラ・ケリー氏による情報で、(王室の)承認を得た彼女の著書の中でこう書いている。「女王陛下がご活動される際、ことに寒いときは、2019年以降、陛下が確実に温かくいられるようにするのにフェイクファーが使用される」と。

[EE 2020年2月号「女王のワードローブに「フェイク」が仲間入り」p.40]

もちろん、..., who writes...とあるので、直前のAngela Kellyの補足説明をしているわけですが、ここでは「固有名詞の後に関係詞を続ける場合、ほとんどの場合カンマが必要になる」というルールが働いています。

これは大学受験の英作文でポイントになることがあるので、超難関大学を狙う受験生はこのルールを知っているのですが、残念ながら理由を考えずに暗記している人が多いようです。

固有名詞の後に関係詞を続けるにはなぜカンマが必要なのか？

とはいえ、その理由は単純で、固有名詞はそもそもが唯一の存在なので、関係詞で「制限する」という発想は基本的にありません。それゆえ固有名詞の後には(制限用法ではなく)非制限用法が使われるのです。

もちろん音声の場合は間をつくるべきでしょうが、実際は十分な間がなくとも、この暗黙の了解があるので、文字に起こすときも当然カンマをつけることになります。今後は、「あ、このリポーターはブレスを入れているな」とか「一気に読んだな」と考えるのもマニアックな楽しみ方としてはアリでしょう。CNNでは当然のように固有名詞が頻繁に登場するので、この用法は重要です。さらにEEの英文で確認してみましょう。

But Wang, who comes from eastern China, studied robotics at a good school, and after graduation, he came up with an idea: build a new, affordable toy to help young children realize their own ideas.

しかし中国東部出身のワン氏は、良い大学でロボット工学を学びました。そして卒業後、あるアイデアを思いつきました。幼い子どもが自分のアイデアを形にするのに役立つ、新しい手頃な価格のおもちゃを作ろうと考えたのです。

[EE 2019年3月号「遊びながらプログラミング学習 深セン発の教育支援ロボット」p.66]

固有名詞だけではない

単に「固有名詞の後は非制限用法」と暗記するのではなく、「固有名詞は唯一の存在なので非制限用法がくる」と理解しておけば、固有名詞に準ずる名詞でも非制限用法を使うことに納得がいくはずです。

"We met with the queen, who is absolutely a terrific person."

(Donald Trump, president of the United States)

"There's one last thing that I should mention that I love about Great Britain, and...and that is the queen." **(Barack Obama, then president of the United States, during a press conference in London in 2009).**

「私たちは女王と面会しましたが、まったくもって素晴らしい方です」

(ドナルド・トランプ米大統領〈当時〉)

「最後に一言触れさせてください。英国について、私の好きなものがもう1つあります。それは女王です」(バラク・オバマ米大統領〈当時〉、2009年ロンドンでの記者会見にて)

[EE 2019年10月号「英国王室のしきたり 複雑すぎて各国首脳も大混乱!?」p.62]

この記事はエリザベス女王に関するもので、the queenは固有名詞ではありませんが、固有名詞に準ずる語句ですね。ちなみに最初の発言をしたトランプ米大統領(当時)は、the queenの後に十分なほどの間を空けていました。

最後にもう1点チェックしておきます。後半のオバマ米大統領(当時)の発言では、関係詞のやや珍しい用法が使われています。ここでは2つの関係節(that I should mentionとthat I love about Great Britain)が、one last thingを修飾しています。これは「関係詞の二重限定」と呼ばれるもので、まずは1つ目のthat I should mentionで「私が言及すべきこと」だと限定してから、さらにその中でthat I love about Great Britainだと限定する用法です。「私が言及すべきことの中で、英国について好きなこと(が最後にもう1つあります)」といった具合に意味をとると、わかりやすくなります。

今回の解説は以上です。普段なら気に留めず流してしまいそうな細かい文法事項に思えますが、CNNニュースの実例を確認した皆さんなら、実感を持って理解していただけたかと思います。

学んだことを生かしてCNNニュースを読み解こう ▶

CNNニュースで力試し！ 20

子どものプログラミング教育に力を入れている中国・深セン市。メイクブロック社を立ち上げたジェイセン・ワン氏は、手頃な価格の学習キットを作り、ロボットを通してプログラミングを学べる仕組みを世界に提供している。

"This is a robot." (Jasen Wang, CEO and Founder, Makeblock, demonstrating his product)

When Jasen Wang was a kid, toys didn't look like this—no robots, just model cars or plastic figures. And even those toys were out of reach.

"I grew up in a very poor family." (Jasen Wang)

But Wang, who comes from eastern China, studied robotics at a good school, and after graduation, he came up with an idea: build a new, affordable toy to help young children realize their own ideas. He called it Makeblock.

［EE 2019年3月号「遊びながらプログラミング学習 深セン発の教育支援ロボット」p.66］

☐ **CEO**	＝chief executive officer　最高経営責任者
☐ **founder**	創業者、創設者
☐ **demonstrate**	～を実際に動かして説明する
☐ **plastic figure**	プラスチック人形、プラスチック製のフィギュア
☐ **be out of reach**	(金銭的に)手が届かない
☐ **robotics**	ロボット工学
☐ **come up with**	～を考え出す、考案する
☐ **affordable**	手頃な価格の
☐ **realize**	～を形にする、具体化する、実現する

和訳

「これはロボットです」（ジェイセン・ワン〈王建軍〉 メイクブロック社CEO兼創業者 商品を説明して）

ジェイセン・ワン氏が子どもの頃、おもちゃはこういうものではありませんでした――ロボットなどはなく、あるのはモデルカーやプラスチックの人形だけ。しかも、それすら（彼にとっては）手が届きませんでした。

「私はとても貧しい家庭で育ったのです」（ジェイセン・ワン）

しかし中国東部出身のワン氏は、良い大学でロボット工学を学びました。そして卒業後、あるアイデアを思いつきました。幼い子どもが自分のアイデアを形にするのに役立つ、新しい手頃な価格のおもちゃを作ろうと考えたのです。彼はその事業を「メイクブロック」と名付けました。

ジェイセン・ワン氏とCNN記者（上）。メイクブロック社のロボットは、プログラミング次第で、音楽を奏でたりすることもできる（下）

21 中・上級者なら知っておきたい couldの重要な用法

仮定法以外のcould

pp.51-67では仮定法を扱いました。仮定法の目印は助動詞の過去形ですから、特にwouldやcouldが仮定法に気付くきっかけになるわけですが、もちろんwouldやcouldには仮定法以外の用法もあります。それらの多くは、仮定法に比べてマイナーなものだったり、簡単すぎたりするものです(例えば、Would you...? 「…してくれませんか」や、単なるcanの過去形「できた」のcouldなど)。ただし、中には注意が必要な用法もあります。ここでは、それについてEEの例を見ながら確かめていきましょう。

"One million cars could actually be lost in the coming months."

「実際、今後数カ月で100万台の車が生産できなくなる可能性があります」

[EE 2021年6月号「『半導体チップ』の危機的不足で世界の自動車業界が窮地に」p.63]

Fifty years ago, the Apollo 11 mission changed the world. Now, the Artemis program could inspire a whole new generation.

50年前、アポロ11号の月面着陸は世界を変えました。今度はアルテミス計画が、全く新しい世代を鼓舞することができるかもしれません。

[EE 2021年4月号「50年ぶりに人類が月へ!? NASAアルテミス計画の実現可能性」p.73]

どちらのcouldも同じ用法です。EEには頻繁に出てくるのでおなじみの人もいるかもしれませんが、このcouldの用法を厳密に理解していきましょう。

couldの前にまずはcanの意味を確認

canの核心は「いつでも起こる」と考えてください。「動作・事象がいつでも起こる」→「(いつでも)できる」というのがcanの中核となる意味です。そして「動作がいつでも起こる」→「あり得る(実際に起こるか否かは別として、理論上はいつでも起こる可能性がある)」という意味になります。例えば、Accidents can happen.なら、「事故は(いつでも)起こり得る」となります。

また、この「あり得る」のcanは、It can't be true.「それは真実のはずがない(あり得ない)」のように、特に否定文で多用されます。

couldの「推量」の意味

couldはcanに仮定法(のニュアンス)が込められたものなので、「もしかしたら・もしよろしければ」という意味が含まれます。Could you...?「(よろしければ)…していただけませんか」は有名ですね。

ここで大事なのが「(ひょっとしたら)〜することがあり得る・〜かもしれない」という推量の意味です。EEでは科学の発展など、未来のことがよく話題になるので、この「もしかしたら〜する可能性がある」という意味のcouldが多用されるのです。

また、このcouldの意味を普段から意識しておくことで、文法書であまり紹介されない以下の形にも対応できるようになるでしょう。

"It could well be that the SEC has done him a...a favor to bring in a stronger chairman."

「SECはより強力な会長を任命させることによって、おそらく、マスク氏のためになることをしたのかもしれません」

[EE 2019年3月号「迷走するカリスマ経営者 テスラのイーロン・マスクが会長職辞任へ」p.75]

このcould wellは、推量のcouldをwellで強調しているもので、「可能性が十分にある」ことを示しています。

「できた」にcouldが使えない!?

さて、couldといえば、中学校の授業で最初に習うのが「できた」という意味ですよね。誰もが知るこの意味ですが、1つ注意が必要です。ライティング・スピーキングで「できた」と言いたいとき、ついcouldを使いたくなりますが、実はこのcouldが使える場面は限られます。「もしやろうと思えばできた」という意味でしか使えないのです。先ほどのcanの核心「いつでも起こる」→ could「(もしやろうと思えば)いつでもできた」という流れで理解してみてください。

例えば、She could dance well when she was young.なら、「若いときは、彼女は(やろうと思えばいつでも)うまくダンスができたんだ」ということです。

一方、「(ある場面で一度だけ)ある行為が実際にできた!」というときにcouldは使えません。その場合、was/were able to doを使います。EEでの例を以下で見てみましょう。

In 2020, due to the pandemic, the Indy 500 was held in August, without spectators. Almost running out of fuel in the final lap, Sato was able to finish first in this prestigious race for the second time in his career.

2020年、(新型コロナウイルスの)パンデミックによって、インディ500は8月に無観客で開催されました。最終ラップでほとんど燃料切れになりかけながらも、佐藤(琢磨)はこの栄誉あるレースにおいて1位でフィニッシュすることができました。キャリア2度目の優勝です。

[EE 2021年5月号「インディ500を2度制したチャンピオンレーサー、佐藤琢磨」p.73]

学んだことを生かしてCNNニュースを読み解こう▶

CNNニュースで力試し！

バイデン政権の発足で注目されている政治トピックの1つがNASAの「アルテミス計画」だ。「アルテミス」とは、ギリシャ神話に登場する太陽神アポロの妹。1969年に人類初の月面着陸を成功させたアポロ計画から50年後、女性初の月面着陸が計画されている。

To the moon and back—and back again? NASA is moving forward with its Artemis III mission. Its goal is to put a man and, for the first time, a woman on the moon, in 2024. No one has set foot there since 1972, and there are concerns about whether NASA will have enough money for this, whether it'll be worth the cost, whether it'll be safe enough to do and whether it'll be a goal of the next presidential administration.

* * *

Fifty years ago, the Apollo 11 mission changed the world. Now, the Artemis program could inspire a whole new generation.

[EE 2021年4月号「50年ぶりに人類が月へ!? NASAアルテミス計画の実現可能性」p.69、p.73]

□ **NASA**	＝the National Aeronautic and Space Agency　アメリカ航空宇宙局
□ **move forward with**	～を進める、推進する
□ **Artemis III mission**	アルテミスIII計画
□ **goal**	目標、目的
□ **set foot**	(ある場所に)足を踏み入れる、降り立つ
□ **concern**	不安、懸念
□ **be worth**	～の価値がある、～に値する
□ **presidential**	大統領の
□ **administration**	政権
□ **a whole new**	全く新しい

和訳

月へ行って戻って――そしてまた月へ?　NASA(アメリカ航空宇宙局)は、アルテミスIII計画を進めています。その目標は、2024年に、男性と、そして史上初めて女性を月面に立たせる、というものです。

1972年以来、人類の月面着陸は行われておらず、いくつかの懸念もあります。この計画を実現するための十分な資金がNASAにあるのか、この計画にその費用に見合う価値があるのか、実行するのに十分な安全性があるのか、次期(バイデン)政権の目標となるのか、などの懸念です。

＊　＊　＊

50年前、アポロ11号の月面着陸は世界を変えました。今度はアルテミス計画が、全く新しい世代を鼓舞することができるかもしれません。

訓練を受けている女性の宇宙飛行士

22 大学入試で頻出の文法事項をCNNでチェック

文法のミスを探してみよう

以下の英文には文法的なミスが1つあるので、探してみてください。ヒントは「最後の文」と「語順」です。

"That plastic is still going to be there in one year. It's probably still going to be there in 100 years. Only if we go out there and clean it up this amount of plastic is going to go down."

(Boyan Slat, CEO, The Ocean Cleanup)

「あのプラスチック（ごみ）は1年後もまだそこにあるでしょう。おそらく100年後もそこにあります。われわれが現場に赴き、それを除去した場合にのみ、この量のプラスチックごみは減るのです」（ボイヤン・スラット　オーシャン・クリーンアップCEO）

[EE 2019年2月号「巨大な浮遊式フェンスで回収 海洋プラごみ一掃作戦が始動」p.59]

「倒置」には2種類ある

受験英語にしか出てこないと誤解されがちな「倒置」ですが、CNNニュースでも実はよく使われます。そもそも倒置には「任意倒置」と「強制倒置」の2種類があります。pp.34-50で解説したのは「任意倒置」の方でしたが、今回は強制倒置を解説します。

まずは、それぞれの要点を比較してみましょう。

倒置の全体像（2種類の倒置）

	任意倒置	強制倒置
特徴	文型ごとにパターンがある	文頭に否定語がくる
倒置の形	語順が変わる	疑問文の形になる
倒置の義務	任意（倒置しなくてもOK）	強制（必ず倒置する）

強制倒置の基本

では、強制倒置の基本事項を詳しく確認してみましょう。

強制倒置の形	強制倒置でよく使われる否定語	
文頭の否定語＋倒置 ➡疑問文と同じ語順 (do/does/didを使うこともある)	①完全否定	Not ／ Never ／ Little(倒置で使うLittleは「完全否定」の意味)
	②準否定語	Hardly ／ Scarcely「ほとんど〜ない」 Rarely ／ Seldom「めったに〜ない」 (「頻度」を表す)
	③要注意の否定語	Only「〜しかない」／ Nowhere「どこでも〜でない」

例 **Never before had she heard such a beautiful story!**
彼女はそれまで、一度もそんな美しい話を聞いたことがなかった！

強制倒置の注意点

ここまでの内容は大学入試に頻出で、文法の問題集にも必ず載っています。しかし注意点が2つあります。

注意1

notやneverだけでなく、いろいろな否定語に注意(特にonlyは「〜しかない」という否定語になる)。

注意2

副詞の割り込みがよく起きて、"否定語(副詞) V＋S"という形になる(副詞の"後で"倒置が起きるのがポイント)。

これを踏まえて、もう一度冒頭の英文を読み直してみてください。最後の文では文頭に否定語(Only)がきて、その直後には副詞節(if we go...)が割り込んだ形です。本来ならその後に倒置が起きるべきですが、この英文では語順が主語(this amount of plastic)→動詞(is)のままになっています。

ですから正しくは、Only if we go...up is this amount of plastic going to go down. となります。同じパターンの英文を確認してみましょう。

Not since World War II has the Louvre been shuttered to the public for so long.

第二次世界大戦以来、ルーブル美術館がこれほど長く市民に門戸を閉ざしたことはありません。

[EE 2021年6月号「長期休館中だからこそ！ コロナ禍を逆手に取るルーブル美術館」p.76]

前置詞句も否定語になり得る

最後に、応用編です。under no circumstances「どんな状況であれ～ない」や、at no time「決して～(し)ない」など、「前置詞の目的語に否定語がある」ときも前置詞句全体で1つの否定語扱いをします。

オバマ元米大統領の演説(朝日出版社『オバマ演説集』より)で確認してみましょう。

I stand here knowing that my story is part of the larger American story, that I owe a debt to all of those who came before me, and that, in no other country on earth, is my story even possible.

私はここに立ち、知っているのです。自分の物語はより大きなアメリカの物語の一部であり、全ての先人たちに恩義を負っているのだと。そして、地球上の他のどんな国でも私の物語はあり得ないのだと。

[[対訳] オバマ演説集「2004年民主党大会基調演説『大いなる希望』」p.27]

補足ですが、In no time, S V.「すぐにSVだ」などの形では、noを使っていても結局は「肯定文の意味」なので、倒置は起きません。例としては、In no time, they became the best of friends.「すぐに彼らは親友になった」となります。

学んだことを生かしてCNNニュースを読み解こう ▶

CNNニュースで力試し！ 22

フランスでは新型コロナウイルスの変異株が猛威を振るい、1日の新規感染者数が4万人を超える深刻な状態が続いた。2021年当時のルーブル美術館も半年以上の休館を強いられたが、学芸員たちはこの機会を有効活用し、新生ルーブル再開に向け準備を進めていた。

Not since World War II has the Louvre been shuttered to the public for so long. Last year, it lost €90 million in revenue. But curators here say they have gained something more valuable: time.

These 19th-century doors that once opened into the bed chamber of French kings are being restored to their former beauty.

"And you have those different layers that are meant to recreate the veins of the wood—because you have so many different colors when you look that closely." (Gautier Moysset)

These doors will be finished in three weeks.

[EE 2021年6月号「長期休館中だからこそ！ コロナ禍を逆手に取るルーブル美術館」p.76]

□ shuttered	閉鎖された、休業した
□ the public	一般大衆、市民
□ revenue	収入、収益
□ gain	～を得る、獲得する
□ valuable	貴重な、価値のある
□ open into	～へ通じる
□ bed chamber	寝室
□ restore A to B	AをBの状態に復元する、修復する
□ former	元の、以前の
□ layer	層、重ね
□ be meant to do	～するよう意図されている、～するためにある
□ veins	木目

和訳

第二次世界大戦以来、ルーブル美術館がこれほど長く市民に門戸を閉ざしたことはありません。昨年は9000万ユーロ(約114億円)の収益を失いました。しかし、ここの学芸員たちは、それよりも価値のあるものを得たと言います。それは時間です。

かつてフランス国王の寝室に通じていたこれらの19世紀の扉は、元の美しさを取り戻そうとしています。

「この異なる層は木目を再現するためです。間近で見ると、さまざまな色がいくつも重なっているんです」(ゴーティエ・モワセ)

これらの扉は、あと3週間で仕上がる予定です。

以前の美しさが復元されようとしている、フランス国王の寝室に通じていたという扉

23 現在完了形のイメージをつかもう

時事ニュースを報道するCNNでは多用されているものの、あまりに基本的すぎて今まで解説してこなかったのが、現在完了形です。

ここで一度、しっかり現在完了形の考え方を確認するため、まずはEEで使われた英文を読んでみましょう。以下は月面探査についての文章で、thereは月面を指します。

No one has set foot there since 1972.
1972年以来、人類の月面着陸は行われていません。

[EE 2021年4月号「50年ぶりに人類が月へ!? NASAアルテミス計画の実現可能性」p.69]

いかがでしょうか？　否定文でsinceがあるので、普通なら現在完了形の「継続用法」（この場合「ずっと～していない」）だと考えておしまいですが、見方を変えれば、別の用法、例えば「経験用法」（この場合「～していない」「～したことがない」）と考えることもできますよね。この辺の感覚を磨いていきましょう。

「日本語に存在しない」現在完了形

僕は中学校で「現在完了形というものは、日本語には存在しない時制です」と教わりました。ところが、その直後に続く説明は「“have＋p.p.(過去分詞)” の形は継続・完了・結果・経験を表し、それぞれの訳し方は……」というものでした。「日本語にない時制」と言った後に、日本語訳だけを教えるなんて変な話ですよね。でも、その日本語訳を当てはめればテストで点が取れるので、「丸暗記でやり過ごしてしまった……」という人は多いかもしれません。

さて、現在完了形には3つの用法があるとされています。継続「(過去から今まで)ずっと～している」、完了・結果「(過去から始めて)ちょうど今～したところだ(その結果…だ)」、経験「(過去から今までに)～した経験がある(今その経験を持っている)」の3つです。

ここで一番大事なのは、この3つに共通する「過去〜現在をつないだもの」という発想です。

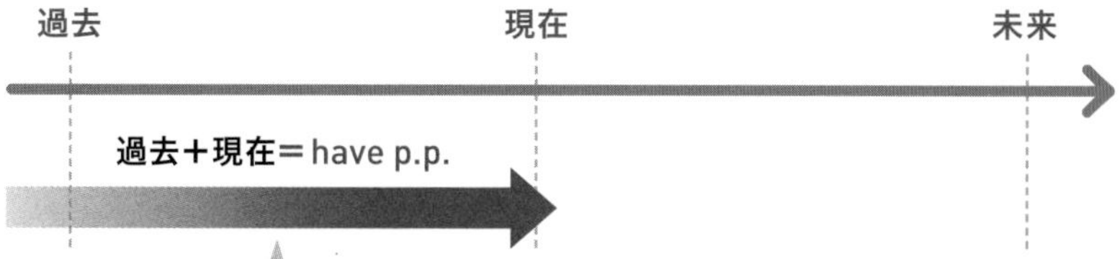

この「矢印」の中に3つの用法が集約されています。

継続	完了・結果	経験
過去に始まり、今現在も「継続している」	過去に始まり、今現在ちょうど「完了」した	過去に経験して、今現在は「経験」として持っている

「経験」の用法だけ過去のことに思えるかもしれませんが、英語の世界では「過去の経験を『今』持っている」と発想します。学校では「どの用法になるか？」が強調されますが、大事なのは「この矢印の中の出来事である」という感覚です。その上で、それぞれの用法を意識しましょう。和訳するときには、その用法の意味を前面に押し出せばいいのです。

ここで、左ページ冒頭の英文をもう一度読み直してみてください。この英文は「継続」でいいとは思いますが、「経験」で解釈することもできますし、もっと言えば、その2つの用法が混在しているとも考えられるわけです。

現在完了形の感覚を研ぎ澄ます

皆さんの感覚をさらに磨いていくために、EEに登場した英文のうち、現在完了形の感覚を研ぎ澄ますのに最適な英文をいくつかシェアしたいと思います。

現在完了形の感覚、つまり上の矢印のイメージを意識しながら、読んでみてください。

"My whole life has been music. I could not imagine anything else."

(Eddie van Halen)

「僕の人生はずっと音楽そのものだ。それ以外の人生は考えられないよ」

(エディ・ヴァン・ヘイレン)

[EE 2021年2月号「『ギターの神様』エディ・ヴァン・ヘイレン、がん闘病の末65歳で死去」p.85]

Christiane Amanpour: You've deleted all your accounts, right?

Jaron Lanier: I haven't had accounts for a long time.

クリスティアン・アマンプール：ご自身のアカウントを全部削除されたんですよね？

ジャロン・ラニアー：もう長いことアカウントは持っていません。

[EE 2019年2月号「ジャロン・ラニアーが警鐘！『SNSを即刻やめよ』」p.97]

Much has happened since then.

あれからいろいろありましたね。

[EE 2021年2月号「NYダウ、史上初の3万ドル突破 その背景とは」p.90]

Well, Mount Everest's true height has been debated for years, but now, Nepal and China have overcome their mountain of differences to settle the matter once and for all.

さて、エベレスト山の本当の高さについては長年、議論されてきました。しかし今、ネパールと中国は、双方の間に山ほどあった相違を乗り越え、その問題に最終的な決着をつけました。

[EE 2021年4月号「エベレスト『標高』論争に決着 中国とネパールが共同発表」p.75]

英語上達の正道は「核心となる考えを理解したら、良質な英文でその感覚を磨いていく」ことです。CNNの生きた英語で、現在完了形の感覚が自然と染み込んでくるのを楽しみに、本書を読み進めていきましょう。

学んだことを生かしてCNNニュースを読み解こう ▶

CNNニュースで力試し！ 23

「ギターの神様」エディ・ヴァン・ヘイレンが、がん闘病の末、65歳で死去した。超高速プレイを可能にする独自のタッピング奏法で、彼はギター演奏の定義を根本から変えた。彼の名字を冠したバンドのデビューアルバムは1000万枚超えのダイヤモンド・ディスクに認定され、数々のアルバムがミリオンセラーとなった。

But even with a replica guitar, there's no replicating a Van Halen guitar solo. From the band's 1984 hit "Panama" to his "Eruption" sequel, "Spanish Fly," to his collaboration with Michael Jackson's "Beat It," Van Halen's fast-shredding speed solos will reverberate for all time.

"My whole life has been music. I could not imagine anything else."

(Eddie van Halen)

［EE 2021年2月号「『ギターの神様』エディ・ヴァン・ヘイレン、がん闘病の末65歳で死去」p.85］

- □ **replica** 複製の、レプリカの
- □ **there is no doing** ～することは不可能である
- □ **replicate** ～をコピーする、再現する
- □ **sequel** 続編、後編
- □ **collaboration** 協力、共演、コラボレーション
- □ **fast-shredding** 〈演奏の音が〉高速に切り刻まれた、素早く細かい
- □ **reverberate** 鳴り響く、影響を及ぼし続ける

和訳

しかし、コピーのギターをもってしても、ヴァン・ヘイレンのギターソロをまねできる人はいません。バンドの1984年のヒット曲「パナマ」から「暗闇の爆撃」の続編「スパニッシュ・フライ」、そしてマイケル・ジャクソンの「今夜はビート・イット」でのコラボに至るまで、超高速で刻まれるヴァン・ヘイレンのギターソロは、これからも永遠に響き続けるでしょう。

「僕の人生はずっと音楽そのものだ。それ以外の人生は考えられないよ」(エディ・ヴァン・ヘイレン)

史上最高のギタリストの1人とたたえられるエディ・ヴァン・ヘイレン

知ってナットク

応用編

24 誤解されているunless

今回は接続詞のunlessを取り上げます。まずは大学入試センター試験に出た問題に挑戦してみてください。(1)は基本問題ですが、(2)は大学入試史上でも歴史に残る難問です。

問 センター試験に挑戦！

(1) We should not keep dogs (　　) we can take good care of them.
①if　②unless　③when　④which　［1997年　センター追試験］

(2) I'll be surprised (　　) an accident. He drives too fast.
①if Tom doesn't have　②if Tom has
③unless Tom doesn't have　④unless Tom has
［1993年　センター本試験］

unlessについて知っていることは？

いかがでしたか？ 問題の解説に入る前に、もし皆さんが「unlessについて知っていることを教えて」と聞かれたら、どんなことを話すか、考えてみましょう。おそらくは次のような内容ではないでしょうか。

- □「もし～でなければ」という意味
- □ if...notで置き換えられる
- □ 品詞は接続詞（従属接続詞）
- □ アクセントは後ろのlessの部分

確かに以上の知識で、日常会話でも各種試験でも困ることはありませんし、多くの方が、実際にこれだけしか教わっていないのではないでしょうか。

事実、(1)の問題は空所の直後にSVが続き、かつ「もし犬を十分に世話できないのなら、飼うべきではない」という文意から、②unlessが正解とわかります。

しかし、これでは(2)の問題は解けません。この出題により、大学受験業界はパニックになりました。なぜなら、unless＝if...notと習ったのに、選択肢に、①if Tom doesn't haveと、④unless Tom hasの2つがあるからです。では一体、どう考えればいいのでしょうか？

unless＝except if...と捉える

まず、皆さんが（そしてもちろん僕も）学校で習ったこと自体は間違ってはいません。unlessが「もし～でなければ」という意味であったり、if...notに置き換えられる場面は非常に多いのです。

ただ、せっかくですからこの機会に、以下のようにunlessの知識をバージョンアップしてみてはいかがでしょうか。

unlessは…

○ もし～でなければ
if...not

➡

◎ ～の場合は除いて
except if...

と考える

S V unless...という形では、unlessの前にある主節から意味をとってみてください。つまり「原則的にS Vだ。ただし～の場合は除いて」という意味で解釈すると、英文の意味がズバリとハマることが多いのです。

(1)も通常なら「もし犬を十分に世話できないのなら、飼うべきではない」ですが、例えば親のセリフと想定して「（わが家では）原則、犬は飼ってはいけない。ただし、ちゃんと世話をするのなら別だけどね」と考えたほうが、その場にあった雰囲気が出るかもしれません。

もちろんそこまで考えず、単に「もし～でなければ」でも意味がとれることもよくあります。しかし、今回紹介したこの、「原則的にSVだ。ただし～の場合は除いて」という発想でしか解けないのが(2)の問題なのです。

(2)の問題で、もし④のunlessを使ってしまうと、主節が「原則」のニュアンスを持ってしまいます。つまり、“I'll be surprised unless Tom has an accident.” は「私は原則的に驚く(驚く人間だ)。ただし、トムが事故を起こした場合は除く」となってしまいます。これでは前半の「原則的に驚く」が意味不明となるわけです。例えば「彼は原則ケチだ。ただし、彼女の前では別だ」などであれば意味を成しますが、今回の英文ではおかしいですよね。

このように、unlessの意味を理解して文意を考えると④unlessはNGなので、ここは単純に①if...notで「もしトムが事故を起こさなかったら、驚きだ」とすればいいわけです。

アンダーソン・クーパーも使っていたunless

以上を踏まえて、EEの例を見てみましょう。これは「アンダーソン・クーパー 360°」でのセリフです。

New evidence tonight that the killing of Jamal Khashoggi was no accident, unless accidents involve a body double wearing the victim's clothing.

今夜、ジャマル・カショギ氏が殺害されたのは偶然ではないという新たな証拠が出てきました。犠牲者の服を着た替え玉が偶然でなければですが。

[EE 2019年1月号「記者殺害はサルマン皇太子の指令？ 緊密だった米サウジ関係が岐路に」p.106]

このアンダーソン・クーパーの言葉にunlessがあります。ぜひ和訳にも注目してください(これは僕が訳したものではなく、EE1月号そのままの和訳です)。「証拠が出てきました」と言い切った後に、「〜でなければですが」と、まさに今回紹介したunlessの感覚が表れているわけです。センター試験で問われた知識とアンダーソン・クーパーの言葉がリンクした瞬間をぜひ皆さんにシェアしたくて、unlessを取り上げてみました。

解答と訳　(1) ②　訳：もし犬を十分に世話できないのなら、飼うべきではない。

(2) ①　訳：トムが事故を起こさなかったら驚きだね。飛ばしすぎるんだもん。

学んだことを生かしてCNNニュースを読み解こう ▶

CNNニュースで力試し！

2018年10月、トルコのサウジ総領事館で、言論弾圧やイエメン内戦への介入などについてサウジ政府を批判していたサウジ人ジャーナリスト、ジャマル・カショギ氏が殺害された。サウジ政府は、カショギ氏が行方不明になってから2週間以上たって、ようやくサウジ総領事館内で死亡したことを認め、殺害に関連があるとされる18人を拘束した。殺害は同国のサルマン皇太子が指示したと考えられているが、サウジ側はそれを否定している。

Anderson Cooper: New evidence tonight that the killing of Jamal Khashoggi was no accident, unless accidents involve a body double wearing the victim's clothing. CNN obtained surveillance footage showing what appears to be exactly that, a Turkish source saying it's a Saudi operative, part of the alleged "kill team," wearing the journalist's clothing, picked up on surveillance footage at locations around Istanbul. Joining us is Chris Murphy, Democratic senator from Connecticut.

[EE 2019年1月号「記者殺害はサルマン皇太子の指令？ 緊密だった米サウジ関係が岐路に」p.106]

☐ **body double**	代役、影武者
☐ **obtain**	～を入手する
☐ **surveillance footage**	監視カメラの映像
☐ **operative**	工作員、秘密諜報員
☐ **alleged**	～だとされている

和訳

アンダーソン・クーパー　今夜、ジャマル・カショギ氏が殺害されたのは偶然ではないという新たな証拠が出てきました。犠牲者の服を着た替え玉が偶然でなければですが。CNNはまさにそうと思われる人物が写った監視カメラの映像を入手しました。トルコのある情報筋によると、その人物はサウジの工作員で、「殺害チーム」とされる部隊の一員であり、亡くなったジャーナリスト（カショギ氏）の服を着ています。彼の姿はイスタンブール各地の監視カメラに捉えられていました。

ここでコネティカット州選出の民主党上院議員、クリス･マーフィー氏にお話を伺います。

トルコにあるサウジ総領事館で殺害されたジャマル・カショギ氏

25 英語に潜むちょっとした遊び

次の問題は大学入試レベルですが、まずはクイズ感覚でトライしてみてください。実は、正答率がかなり低い問題です。

問 She is as busy as (　　　).
①a cat　②an ant　③a bee　④a dog

ハロウィーンのセリフといえば？

この問題を解く鍵は「韻」です。日本語では、語句の後ろで韻を踏む「脚韻」が主流です（ラップでおなじみですね）。英語にも脚韻は存在します。例えば別れ際のあいさつで、See you later, alligator. という表現があり、これはlaterとalligatorの「エイタァ」で韻を踏んでいます。この返答に使われる、After a while, crocodile! も「アイル」で韻を踏んでいます。

しかし英語では、脚韻よりも、単語の頭で韻を踏む「頭韻」の方が頻繁に使われるのです。有名すぎて何度も聞いたことがあるだろう「ハロウィーン（Halloween）」でのセリフTrick or treat!も、頭韻に注目してください。Trick or treat!のtr-で頭韻が起きているがゆえのリズムの良さがありますよね。ちなみに、世間では「お菓子をくれなきゃいたずらしちゃうぞ」と訳されますが、元の表現の意図を、より明確に、かつ語順に沿って訳すならば、「いたずら（trick）されたくなければお菓子（treat）をおくれ」という訳になります。

頭韻は心地よい響きを持つだけに、CMのキャッチコピーやことわざでも多用されています。

Now or never!　**「やるなら今だ!」**
Where there's a will, there's a way.
「意志があれば、道は見つかる(精神一到何事か成らざらん)」

また、よく使われるフレーズ、Don't drink and drive.「飲んだら乗るな」では、drinkとdriveの2カ所の頭韻とも、Don'tを入れた3カ所のdが頭韻ともとれます。ちなみに日本語の「飲んだら乗るな」も頭韻です(日本語で頭韻が使われる珍しい例ですね)。

さて、ここで最初の問題を見直して、その英文の中で最も伝えたいと思われる単語との韻を考えてみてください。

いろいろな頭韻の例

正解はbusyと韻を踏む③a beeです。2カ所あるbを強く読んでみると、英語らしい抑揚が出るはずです。直訳は「ハチのように忙しい」ですが、決め手は頭韻ですから、無理にハチを訳出する必要はなく、「すごく忙しい」くらいに考えればOKでしょう。頭韻を含む熟語は他にも以下のようなものがあります。

- **as proud as a peacock**　**「クジャクのように高慢な」➡「うぬぼれの強い」**
- **as cool as a cucumber**　**「キュウリのように冷静な」➡「とても冷静な」**
- **as green as grass**　**「芝のように青い」➡「青二才の/世間知らずな」**
- **as clear as crystal**　**「水晶のように透き通って」➡「とても明白な」**
- **as thick as thieves**　**「盗賊のように関係が濃い」➡「とても親密な」**

海外のスポーツチームのファンという方も少なくないでしょう。頭韻が使われているアメリカのチーム名もたくさんあります。例えば、バスケットボールチームのCleveland CavaliersやLos Angeles Lakers、野球チームのPittsburgh PiratesやPhiladelphia Phillies、アメリカンフットボールチームのBuffalo BillsやJacksonville Jaguarsなどです。

さらには、よくInstagramで使われる曜日ごとのハッシュタグ、#TransformationTuesday（ダイエットで体形が変化した写真を載せるとき）、#WellnessWednesday（健康に良いことをするとき）、#SelfieSunday（自撮り写真をアップするとき）などにも、このように頭韻がよく使われます。

新しい熟語も頭韻から考えてみよう

最後に、go green「環境に配慮するようになる」という熟語をご紹介します。go greenは良い意味ですが、その他のgoを使った熟語というのは「悪い状態になる」ときによく使われます。例えば、go wrong「うまくいかない・故障する」、go crazy「正気でなくなる」、go bankrupt「破産する」です。go viral「ネットで拡散される（バズる）」も、本来viralは「ウイルスの」という意味なので、goが使われます。

go green with envy「嫉妬する」という表現もあるので、もともとgoとgreenの相性が良いともいえますが、せっかくなのでgo greenを「頭韻」と捉えて、最後にEEの例をチェックしてみましょう。

Well, the Lamborghini is going green, and we don't mean the paint color. The Italian luxury-car maker says all of its new cars will be plug-in hybrids by the end of 2024.

さて、ランボルギーニがグリーンになる、と言っても塗装色のことではない。このイタリアの高級車メーカーによれば、2024年末までに同社の新車は全てプラグインハイブリッドになるという。

［EE 2021年9月号「ランボルギーニ、3年以内に全車種ハイブリッド化へ」p.51］

学んだことを生かしてCNNニュースを読み解こう▶

CNNニュースで力試し！

ほとんどの自動車メーカーが電気自動車(EV)について語ることが避けて通れない時代になりつつある。そんな中、ランボルギーニは2024年までに全車種の新車をハイブリッド化すると発表し、大きな話題を呼んだ。その先には同社初の完全電気自動車の発表も予定されている。

All Lamborghinis to Be Hybrid

Well, the Lamborghini is going green, and we don't mean the paint color. The Italian luxury-car maker says all of its new cars will be plug-in hybrids by the end of 2024. That means they will still have the feel and sound of an internal-combustion engine but can also operate under purely electric power at times. So fear not, Lambo fans: they will still go fast and sound fast.

[EE 2021年9月号「ランボルギーニ、3年以内に全車種ハイブリッド化へ」p.51]

□ Lamborghini	ランボルギーニ　▶イタリアの高級車メーカー、またその車。
□ hybrid	複数の動力源で動く、ハイブリッドの
□ go green	環境に配慮するようになる
□ luxury car	高級車
□ plug-in hybrid	プラグインハイブリッド車 ▶家庭用電源で電池を充電できるハイブリッド車。
□ internal-combustion engine	内燃エンジン
□ operate under electric power	電力で稼働する、電気で走る
□ fear not	恐るるなかれ、心配無用

和訳

全ランボルギーニがハイブリッドに

　さて、ランボルギーニがグリーンになる。と言っても塗装色のことではない。このイタリアの高級車メーカーによれば、2024年末までに、同社の新車は全てプラグインハイブリッドになるという。つまり同社の車はそうなっても、内燃エンジンの感触と音を維持するが、時には電力だけで走ることもできるということだ。だから、ランボファンの皆さん、ご安心ください。速い走りも速そうな音も変わりません。

ランボルギーニはイタリアの高級自動車メーカー。 エンブレムは「暴れ牛」と呼ばれ、多くの車種名にも闘牛の名前が使用されている

26 形容詞に関する品詞変換

英文法において基本中の基本でありながら、軽視されがちなのが品詞の考え方です。今回は、その中でも少しマニアックな「形容詞に関する品詞変換」を解説していきます。まずは、EEの例から見ていきましょう。

In the middle of the next decade, <u>an 18.6-year lunar cycle</u> will flip into a phase that amplifies tides.

2030年代中頃に、18.6年で一巡りする月の1つの周期が潮の干満を増大させる時期に入る。

[EE 2021年11月号「月の軌道の傾きが原因で2030年代は洪水が多発?」p.46]

ここでは、an 18.6-year lunar cycleに注目してください。重要なのは、ハイフンで結ばれた18.6-yearがlunar cycleを修飾していることと、18.6-yearのyearが複数形になっていないことです。

ハイフンを使うと「名詞→形容詞」になる

複数の単語をハイフンでつなげると、形容詞をつくることができます。例えば、three-week vacation「3週間の休暇」は、threeとweekという2つの単語がハイフンで結ばれて1つの形容詞となり、名詞vacationを修飾しています。ここでの注意点は、weekが単数形になっていることです(three-weeksではありません)。英語においては、ほとんどの場合、ハイフンで結ばれて形容詞化した名詞は複数形になりません。上の例文でyearが単数形なのは、この「ハイフンを使った名詞の形容詞化」が起きているからです。

business-class tickets(ビジネスクラスの航空券)など、単語をハイフンでつないで形容詞化する用法は日常会話でよく使われますし、CNNでも多用されています。他の例も見てみましょう。

This 65-story tower opened in 2014, built at a cost of $400 million.... The high-end development includes office space, a department store and a five-star hotel with a royal suite that—get this—goes for $10,000 a night.

この65階建ての高層ビルは2014年にオープンしました。建設費は4億ドルでした。[中略]この最高級の新施設には、オフィススペースやデパート、5つ星のホテルも入っていて、ホテルのロイヤルスイートルームはなんと、1泊1万ドルです。

[EE 2020年4月号「ベトナム・ハノイへの進出ラッシュ 韓国企業が急伸」p.64]

high-endは数詞を伴わないので、特に注意することはありません。一方、65-storyとfive-starは、それぞれ65-storiesやfive-starsにならないことがポイントです。

ちなみに、ここでのstoryは「階」を意味します。一説によると、これは昔ヨーロッパで、建造物の何階かを示すために、各階の窓に「歴史物語」の絵を描いて飾ったことに由来しているとのことです。

high-endのように、名詞以外の単語(形容詞など)もハイフンでつなげることができますが、よく使われるのがfreeです。...-freeの形で、「…なしで、…を免れて、…を含まない」を意味します。freeには本来「束縛されることのない自由な状態」という意味があり、smoke-freeは、「たばこに拘束されない自由な状態」→「たばこの煙に煩わされない」→「禁煙の」と考えるのがよいでしょう。a smoke-free roomは「禁煙室」なのですが、世間では「自由にたばこを吸う部屋」→「喫煙室」だと誤解する方も少なくありません。EEからの例としては以下のようなものがありました。

I mean, leather, for example. I'm a...a nonleather brand. We're a cruelty-free brand.

そうですね、例えばレザー。私のところはノンレザー・ブランドです。クルエルティーフリー・ブランドです。

[EE 2021年11月号「『持続可能なファッションの追求』 ステラ・マッカートニー」p.106]

cruelty-freeの直訳は「残虐性(虐待)のない」です。つまり、製品が消費者に届くまでの工程で「動物を傷つけない」ことを意味します。

“the＋形容詞”で名詞化

ここまで、ハイフンで単語をつなぎ「名詞→形容詞」と変化させる用法を解説してきましたが、その反対に、「形容詞→名詞」と変化させる方法もあります。有名なのは、形容詞にtheをつけることで名詞と見なす用法です。“the＋形容詞”＝“形容詞＋people(～な人々)”となることが多いです。theの核となる使い方は「お互いに共通認識できるものにつける」というものなので、例えばthe richなら、「richと聞いて誰もが共通認識できるような人たち」つまり「富裕層」を意味します。

“the＋形容詞”(1) 基本的なもの

the old、the elderly「老人たち」／the young「若者たち」／the rich「富裕層」／the poor「貧困層」／the Japanese「日本人」／the living「生きている人々」／the dead「死者たち」

また、形容詞の部分に過去分詞がきても同じように考えられます(過去分詞には形容詞の働きもあります)。

“the＋形容詞”(2) 過去分詞を使ったパターン
(文脈によっては単数の人を示すこともある)

the accused「被告人たち」／the deceased「故人たち」／the injured「けがをした人々」／the unemployed「無職の人々、失業者たち」／the vaccinated「ワクチン接種を受けた人々」／the unvaccinated「ワクチン接種を受けていない人々」／the gifted「才能のある人々」

普通の文法・品詞の解説よりもだいぶ踏み込んだところまで解説しましたが、皆さんにはここまで気を配れるようになってほしいと思います。

学んだことを生かしてCNNニュースを読み解こう▶

CNNニュースで力試し！

アジア市場のハブ都市として注目を集めるベトナムの首都ハノイでは近年、韓国が存在感を強めている。1992年の国交正常化、2007年のベトナムのWTO加盟などを経て、ベトナム在住の韓国人はいまや17万人を突破。製造業を筆頭にベトナム進出を推し進めてきた韓国は、2019年には投資認可件数で首位に躍り出た。

That immigration is adding to Hanoi's economic growth and even changing its skyline. This 65-story tower opened in 2014, built at a cost of $400 million. It's owned by one of South Korea's largest conglomerates. The high-end development includes office space, a department store and a five-star hotel with a royal suite that—get this—goes for $10,000 a night.

[EE 2020年4月号「ベトナム・ハノイへの進出ラッシュ 韓国企業が急伸」p.64]

□ **add to**	～を増す、大きくする
□ **skyline**	空を背景とした高層ビル群のシルエット
□ **-story**	《前に数詞を伴って》…階建ての
□ **conglomerate**	複合企業、コングロマリット
□ **high-end**	最高級の
□ **development**	ビル、施設
□ **royal suite**	ロイヤルスイート ▶最高級のスイートルーム（続き部屋）。
□ **get this**	《話》なんと、驚くなかれ
□ **go for**	～の値段で売られる、値段が～になる

和訳

（韓国人の）移住はハノイの経済成長を押し上げ、その空の景観さえも変えています。この65階建ての高層ビルは2014年にオープンし、4億ドルかけて建設されました。所有しているのは韓国最大級の複合企業です。この最高級の新施設には、オフィススペースやデパート、5つ星のホテルも入っていて、ホテルのロイヤルスイートルームはなんと、1泊1万ドルです。

ハノイの街にそびえ立つ高層ビル（上）。所有しているのは韓国の大手財閥ロッテだ（下）

27 EEで見かける冠詞の細かい用法

今回は、冠詞(a・an・the)の使い方を取り上げ、「英文をより鮮明に理解するための細かい英文法」を解説していきます。さっそく、EEの例を見てみましょう。

Hubert's part of the Family Is Family campaign, launched in November by Balázs Redli, <u>a stay-at-home dad and journalist</u> who's worried about the future his son will face.

フーベルトさんは「家族は家族」という運動に加わっています。この運動を(2020年の)11月に立ち上げたのはバーラジュ・レードリさん。主夫のジャーナリストで、自分の息子に待ち受ける将来が気がかりです。

[EE 2021年11月号「ハンガリーで反LGBTQ法可決、各国からも批判の嵐」p.81]

まず、a stay-at-home dad and journalistという表現に注目してください(stay-at-homeは、前項で解説した「複数の単語がハイフンで結ばれてできた形容詞」です。このように、ハイフンでつなげると形容詞にできる単語は名詞に限りません)。数えられる名詞journalistの前にも、冠詞aを入れたくなりますよね。ただし、ここは冠詞がなくても成立します。この文でstay-at-home dadとjournalistは、どちらもバーラジュ・レードリさんという1人の人物のことだからです。1つの冠詞が、後ろの名詞2つにかかります。

例外はあるものの、多くの場合、以下のようになります。

1. a 名詞1 and a 名詞2「名詞1 と 名詞2」
※名詞1と名詞2は別人(別物)

2. a 名詞1 and 名詞2「名詞1 かつ 名詞2」
※名詞1と名詞2は同一人物(同じ物)

今回は2のパターンで、「主夫であり、かつジャーナリストでもあるバーラジュ・レードリさん」ということです。次の例も、先の例と同様に2のパターンで、冠詞はaが1つあるだけです。

Arthur Huang is a Taiwanese architect, engineer and cofounder and CEO of Miniwiz, a company turning different kinds of waste, like plastic bottles, into materials for buildings and products across the world.

アーサー・ファンさんは台湾の建築家、エンジニアであり、そしてミニウィズ社の共同創業者兼CEOです。同社はさまざまな種類の廃棄物、例えばペットボトルなどを、世界中で建設資材や製品に生まれ変わらせている企業です。

［EE 2021年9月号「台湾の起業家が世界の建築を変える？ 廃棄物を建材に再生」p.77］

“the＋固有名詞”の考え方

固有名詞というのは、それ自体が独立した存在であり、冠詞をつけないのが原則です。とはいえ、まれに固有名詞にaやtheがつくこともあります。おなじみの表現は、The Beatles（ビートルズ）ですね。そもそも“the＋複数形”の形は、「特定できる集団」だと考えると筋が通ります。そのため、まとまりが明らかなバンド名やチーム名で多用されます。同様に考えると、the United States of America（アメリカ合衆国）は「50の州が集まった特定の地域」と言えますし、the United Arab Emirates（アラブ首長国連邦）は「ドバイなど7つの首長国が集まった特定の地域」、the Philippines（フィリピン）は「多くの島で構成されている特定の地域」と考えることができます。国名にはさまざまな由来があるので、この発想で説明がつかない国名もありますが、この「特定集団」という発想は多くの場面で役立ちます。国名以外でも、the Simpsons（シンプソン一家）や、the Alps（アルプス山脈）も「特定の集団」と考えることができます。

“a＋固有名詞” の考え方

“a＋固有名詞” については、文法書で調べるとさまざまな意味が羅列されているかもしれませんが、実はaが持つ「たくさんある中の1つ」というニュアンスをもとに考えれば、納得がいくものばかりです。

①「〜の作品・製品」a Hokusai（北斎の作品）➡「いくつかあるその人の作品の1つ」
②「〜家の人」a Tokugawa（徳川家の人）➡「たくさんいる〜家の中の1人」
③「〜のような人」an Einstein（アインシュタインのような人）
➡「たくさんいる〜みたいな人の1人」
④「〜という人」a Mr. Wada（和田さんという方）
➡「たくさんいる〜という名前の人の1人」

“a＋形容詞＋固有名詞” の形

“a＋形容詞＋固有名詞” の形もあります。例えば、a teary Hirano「（いくつかあり得る平野さんの表情の中で）涙ぐんだ表情の平野さん」といった表現です。形容詞tearyで固有名詞を特徴づけることで、「たくさんある中の1つ」という点がより意識され、普段は冠詞を必要としない固有名詞にもaが必要になると考えます。この用法がよく使われるのは、英字新聞での報道や小説などですが、EEにも登場しています。

Fatimah says her family fled <u>a hopeless Lebanon</u>.

ファティマさんは、彼女の一家は希望のないレバノンから逃れてきたと言います。

［EE 2021年1月号「海上で置き去りにされ、何時間も漂流… ギリシャで押し返される難民」p.91］

Lebanonは固有名詞ですが、ここに形容詞hopelessがつくと、いろいろな側面があるLebanonのうち「希望のないレバノン」を表します。

また、オバマ元大統領の演説にも、“a＋形容詞＋固有名詞” が使われています。固有名詞Americaに形容詞generousがついており、「いろいろな側面がある中の寛大なアメリカ」を表すためにaがつきます。

...because in a generous America you don’t have to be rich to achieve your potential.

[中略]なぜなら、寛大なアメリカでは、能力を発揮するのに裕福である必要はないからです。

[『オバマ演説集』朝日出版社 p.24]

いかがだったでしょうか？ 僕も普段なら教えるのを躊躇《ちゅうちょ》するほど細かい内容ですが、CNNニュースを素材に楽しく解説することができました。

学んだことを生かしてCNNニュースを読み解こう ▶

CNNニュースで力試し！ 27

多くのシリア難民が、EUを目指して地中海を渡ってギリシャに押し寄せている。国境を越える人の移動が制限されるこのコロナ禍にあってもそれは変わっていない。難民を海上で置き去りにして彼らの命を危険にさらしているギリシャ側の対応は、「人権擁護義務の違反だ」として国連から非難を受けている。

Fatimah says her family fled a hopeless Lebanon. They've tried the sea crossing five times in the past six months. This was the first time they had reached Greek soil.

Human-rights advocates and the United Nations Refugee Agency have documented many similar accounts since March, watchdog groups accusing Greece of violating human-rights obligations by expelling asylum seekers, at times leaving them adrift at sea for hours.

[EE 2021年1月号「海上で置き去りにされ、何時間も漂流…… ギリシャで押し返される難民」p.91]

□ soil	国土
□ human-rights	人権の
□ advocate	推進派、擁護者、支持者
□ the United Nations Refugee Agency	国連難民機関
□ account	説明、報告、記述
□ watchdog group	監視団体
□ accuse...of doing	～したとして…を非難する
□ violate	～に違反する、～を破る
□ obligation	義務、責任、責務
□ expel	～を追い出す、追放する
□ asylum seeker	亡命希望者
□ adrift	漂流して、漂って

和訳

ファティマさんは、彼女の一家は希望のないレバノンから逃れてきたと言います。彼らはここ6カ月で5回海を渡ろうとしました。今回初めて彼らはギリシャの地にたどり着きました。

人権擁護団体や国連難民機関は、3月以降、同様の報告を数多く記録しており、監視団体は、亡命希望者を追い払い、時には彼らを何時間も海に漂流させたこともあり、人権擁護義務に違反したとして、ギリシャを非難しています。

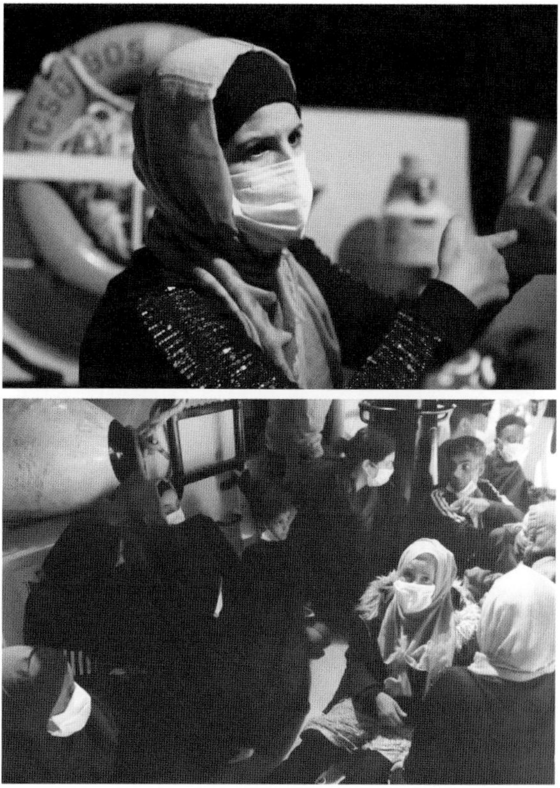

レバノンから逃れてきたファティマさん(上)。トルコ沿岸警備隊によると、この時点までに約6500人の男女、子どもを救助してきたという(下)

28 難熟語rest assuredを文法的に解析する！

今回はいきなり熟語の知識を試すクイズから始めてみましょう。EEで扱われた次のニュースですが、下線部の英語の意味がわかりますか？　和訳を考えてみましょう。

Hammond finished the first leg of his challenge this week, after covering more than 1,200 kilometers. But rest assured—you can see the Planet Prancer moving and grooving again soon, when he returns to Route 66 next summer.

ハモンドさんは今週、この挑戦の最初の行程を終えました。踏破したのは1200キロ以上になります。ですが、[?]――すぐにまた「プラネット・プランサー」がノリノリで踊る姿を目にすることができます、来年の夏、彼がルート66に戻ってきたときに。

[EE 2019年2月号「『奴隷制度撲滅』を訴え、現役教師が踊りながらアメリカ横断へ」p.57]

この熟語は、大学受験用の単語・熟語帳に載っていることはありません。とても難しい熟語ですから、知らないのはごく普通のことです。

さて、気になる正解ですが、本誌の語句注には、rest assured「安心する」とありました。この英文自体は命令文になっているので「安心してください」となります。

今回はこの熟語を、3つの英文法の観点から解き明かしていきたいと思います。

❶ assureは「させる」型の動詞

assureの原義は「～に対して(as)確実に(sure)させる」で、そこから「確信させる・安心させる」という意味になります。決して「確信する・安心する」ではなく、「させる」という意味だというのがポイントです。

同じ「させる」型の動詞の例として、surpriseがあります。英語上級者であればすでに知っていることでしょうが、高校初級レベルでは動詞surpriseを「驚く」と訳してしまうミスをよく見かけます。「驚かせる」と正しく認識している人は意外と少ないのです。

このように英語では（特に感情表現に当てはまりますが）、「〜する」ではなく「〜させる」という意味の動詞がたくさんありますね。assureもそうであると、ここで今一度確認しておいてください。そして、「確信する・安心する」と言うときは、be assuredのように受動態にしないといけないわけです。直訳は「確信・安心させられる」→「確信・安心する（している）」となります。

❷ beがrestになる感覚

assureがbe assuredの形で使われるということがわかれば、rest assuredの形が理解できてくるのではないでしょうか。

assuredがわかったら、次はrestについてです。結論から言ってしまうと、受動態のbeがrestになっているのです。例えば、be married「結婚している」が、get married「結婚する」となるように、beをgetに置き換えても、おおよそ同じ意味になることはご存じの人も多いでしょう。それと同じノリで、ここではbeがrestになっているだけなのです。

この動詞restは「〜のままでいる」という意味です。ですから、rest assuredの直訳は「安心したままでいる」となり、これが「安心する」という意味になるわけです。

❸「命令文」の感覚

最後の視点は命令文です。学校などできちんと教わることはあまりないのですが、「命令文」は必ずしも命令調になるわけではないのです。

命令文の1つの使い方として、「相手の利益につながる動作であれば、命令文を使うほうがよい」という英語ネイティブの発想があるのです。以下の命令文は日常で見かけるものですが、どれも「命令する」という上から目線の印象がないのはすでにご存じの通りでしょう。

▲Visit our Web site!（ぜひ弊社ウェブサイトにお越しください！）

▲Fasten your seatbelt.（シートベルトをお締めください）

▲Go ahead.（どうぞ）

どれも相手の利益につながる行為を促しているだけなので、命令文でもキツい感じはまったくありません。

「分解」して考える

この3つの視点をrest assuredに持ち込めば、スッキリと理解できるはずです。冒頭の例をもう一度見てみましょう。rest assuredが「ご安心ください」となるのも納得できるかと思います。一瞬何だかわからないrest assuredも、このように分解して考えればOKなのです。

余談ですが、このrest assuredは、最近はTOEICテストで見かけることもありますし、僕自身はイタリアの空港にある大きな広告で見かけたこともあります。上級者のためのこの熟語、今後いつ出てきても、もう安心できますね。

学んだことを生かしてCNNニュースを読み解こう▶

CNNニュースで力試し！ 28

「奴隷制度撲滅」を訴え、1人の男性が、米国の有名な旧国道「ルート66」の踏破に挑んでいる。派手な黄色のヘッドバンドにバレエの衣装を身にまとい、生活用品を入れたベビーカーを引きながら、激しく踊るそのエキセントリックな姿は、いやが応でも道行く人たちの注目を集める。一見、奇《き》矯《きょう》とも思われる行為だが、実はその目的は、現代の奴隷制度撲滅のための資金集めという真剣なものだ。

フルタイムで教師として勤務するロンドン出身の彼は、カリフォルニア州サンタモニカを起点としてはるばるニューヨークまで踊って移動することを計画している。活動期間は夏季休暇中だけなので、続きは来年の夏まで持ち越される。

Hammond finished the first leg of his challenge this week, after covering more than 1,200 kilometers. But <u>rest assured</u>—you can see the Planet Prancer moving and grooving again soon, when he returns to Route 66 next summer.

Cyril Vanier, CNN.

[EE 2019年2月号「『奴隷制度撲滅』を訴え、現役教師が踊りながらアメリカ横断へ」p.57]

□ leg	(旅行などの)部分、区間
□ cover	(距離を)進む、超える
□ rest assured	安心する
□ move and groove	ノリノリで踊る
□ Route66	ルート66、旧国道66号線

和訳

ハモンドさんは今週、この挑戦の最初の行程を終えました。踏破したのは1200キロ以上になります。ですが、ご安心ください——来年の夏、彼がルート66に戻ってきたとき、すぐにまた「プラネット・プランサー」がノリノリで踊る姿を目にすることができます。

CNNのシリル・バニエがお伝えしました。

日用品などを積んだベビーカーを引きながら踊るハモンドさん（上）。蛍光イエローのチュチュを身にまとう姿（左）にもひるまず一緒に踊ってくれる人も多いという（右）

29「受験英語」でCNNに挑む

「受験英語」という言葉は、「受験でしか使えない」「実際の英会話では使えない」という印象を与えることがよくあります。しかし受験英語の代表格とも言われるような文法事項の中には、CNNでも使われる表現が多々あります。実際にEEで登場した英文を見てみましょう。下の文で使われている、it isはどういった働き(用法)でしょうか?

In France, <u>it is</u> buying sex rather than selling it that is illegal, but the police say that most of the women who work here are slaves.

フランスで違法とされているのは、売春ではなく買春ですが、警察は、ここで働く女性のほとんどは(強制的に売春をさせられている性的)奴隷だと言います。

[EE 2019年2月号「夜になると一変 売春行為が横行するパリ・バンセンヌの森」p.65]

このit isは少し後ろにあるthatとセットになって、It is A that...「…なものはAなんだ」と、Aの部分を強調する形をつくる、受験参考書では「強調構文」と呼ばれるものです(「分裂文」と呼ばれることもあります)。

この強調構文は、東大・京大・早慶上智をはじめ、多くの大学の入試で毎年のように出題されていますが、今回のように、CNNのニュースでも使われるわけです。

さて、その強調構文なんですが、実際に解説されるとなると、詳しく説明すべき参考書でも次のことだけしか言われないのです。

一般参考書の記述にある「強調構文の説明」

①強調する語句をIt isとthatで挟む

②強調構文の見抜き方は、It isとthatを取り払って(その後に必要ならば語順を変えて)完全な文になれば「強調構文」である

この説明自体は不可欠なものではありますが、①「挟む」は事象を説明しているだけですし、②は「強調構文かな?」と当たりをつけたあとに、確認として使う発想ですよね。つまり、「これは強調構文だ!」と主体的に判断する方法は英語教育の世界では一切語られていないというのが現状なのです。

そもそも「強調」って?

そこで今回は、強調構文を新たな視点で捉え直してみましょう。そもそも何かを強調するときは「対比」を前提にすることが多いわけです。「みんなAだと思ってるけど、決してAではないんだ。じゃあ何かというと、実はBなんだ」という強調の仕方が多いのです。そこで皆さんに知ってほしいのが、以下の「強調構文の基本形」です。

＜強調構文の基本形＞

It is not A but B that...

「…なのは、決してAではなく、実はBなんだ」

↓

It is not what you do but who you do it with that makes a date fun.

A: what you do　B: who you do it with

「デートが楽しくなるのは、決して何をするかではなく、実は誰とするかなんだ」

このように、強調構文で強調されるもの(It isとthatで挟まれるもの)は、not A but Bの形が基本となります。

余談ですが、「強調構文」と呼ばれるからには「きちんと強調すべき」なので、訳文には「決して」とか「実は」という言葉を(多少わざとらしいくらい)入れています。大学入試の和訳問題では、こういった採点官へのアピールも必要なんです。

ただし、このnot A but Bの形はあくまで基本形であって、実際には変形するパターンがいくつかあります。1つ目の変形パターンとしては、not AとBのどちらかだけを強調する形です。

変形パターン(1)　not A、もしくはbut Bのどちらかだけを強調する

①**It is not A that...but B.**
「…なのは決してAではなくBだ」
※not Aだけを挟んで強調

②**...is not A. It is B that...**
「…はAではない。…なのは実はBだ」
※Bだけを挟んで強調

たとえば、先ほどの英文を①の変形パターンにすると、以下のように少し変化するだけです。

It is not what you do that makes a date fun but who you do it with.
(A = what you do, B = who you do it with)

変形パターン(2)　not A but B自体が変形する

①**It is not so much A as B that...**
「…なのは、実はAというより、むしろBだ」
②**It is B as well as A that...**
「…なのは、実はAだけでなくBもだ」
③**It is B rather than A that...**
「…なのは、実はAというより、むしろBだ」

対比の形はnot A but Bだけではありませんよね。上記のように、他の形が強調構文で使われることもよくあります。この変形パターンは非常にたくさんあるので、暗記しようとする必要はありません。皆さんは「not A but Bが変形するんだな」ということだけ知っていれば、It isの後にどういう形がきても、「たぶんこれ、強調構文の変形パターンだ」と気付けるようになるはずです。

「基本形」の一歩先へ

ちなみに、変形パターン(2)の「③It is B rather...」を使った形をもう一度チェックしてから、冒頭で載せたEEでの英文を読み直してみてください。実はこの英文、B rather than Aがit isとthatで挟まれた形だったのです。これまでの解説を読んだ皆さんなら、すでにこの英文を最初に読んだときの印象とは違ったイメージで捉え直すことができると思いますし、今後も「あ、これはどう考えても強調構文でしょ!」と即断できる機会がものすごく増えるはずです。

最後に余談ですが、冒頭の例文は、pp.85-90でも取り上げた英文です。そのときは、most of the womenのtheの用法について、「部分のofの後には特定名詞(theがつく名詞など)がくる」と解説しました。このように、CNNの記事では重要な文法事項がたくさん使われるという証明とも言えますね。

学んだことを生かしてCNNニュースを読み解こう▶

CNNニュースで力試し!

バンセンヌの森はパリ東部にある広大な森林公園。昼間はのんびりとした憩いの場だが、夜になると売春が行われる場所へと一変する。ここで売春をする女性の9割が人身売買の被害者だという。

※p.89と同じニュースからの引用です。

A nighttime exchange in Paris's largest park, the Bois de Vincennes. With just a nod, a prostitute is led into the bushes. In France, it is buying sex rather than selling it that is illegal, but the police say that most of the women who work here are slaves. Nadej—not her real name—used to be one of them.

"If you go to Vincennes, you ask questions—90 percent are slaves; 90 percent." (Nadej, Former Sex Slave)

[EE 2019年2月号「夜になると一変 売春行為が横行するパリ・バンセンヌの森」p.65]

□ exchange	やり取り、会話
□ Bois de Vincennes	バンセンヌの森　▶パリ東部の森林公園。
□ nod	うなずき、会釈
□ prostitute	売春婦、遊女、男娼
□ bushes	灌木(かんぼく)の茂み、やぶ
□ buying sex	買春
□ selling sex	売春
□ illegal	不法の、違法の、非合法の
□ slave	奴隷

和訳

パリ市内最大の公園、バンセンヌの森の中での夜のやりとり。うなずくだけで売春婦がやぶの中に導かれていきます。フランスで違法とされているのは、売春ではなく買春ですが、警察は、ここで働く女性のほとんどは(強制的に売春をさせられる性的)奴隷だと言います。ナデジュさん――仮名ですが――も、かつてはその1人でした。

「バンセンヌに行って聞いてみると、90%が奴隷だとわかります、90%が」(ナデジュ 元性的奴隷)

人身売買の被害者を取材するCNN記者

30 "you"をネイティブ感覚で使いこなすには?

Your Partyって?

数年前の話になりますが、日本のとある政党で、英語名が "Your Party" だった党があります。ではこの政党、本来の日本語の政党名は一体何でしょうか?(現在は解散している政党です)

ちなみに、partyに「政党」という意味がありますが、高校生は知らないことが多いので、大学入試でもよく問われます。僕は「partyは『人の集まり』というイメージを持つといい」とよく話します。「(同じポリシーを持った)人の集まり」→「政党」となります。他にも「一行、一団」なども「人の集まり」から考えればわかりますね。

さて本題に戻りますが、Your Partyは「みんなの党」のことなんです。この英語名は当初、疑問に思う声が出たとも聞いたことがあります。ではなぜ「みんなの党」の英語名がYour Partyになるのでしょうか?

❶ youには「あなたも私も」という意味がある!

youという単語自体は誰でも知っていますが、実はyouには、「あなた」以外に、「(あなたも私も)みんな」という意味があるのです。このことは誰も知らない(とは言いすぎですが、でも実際には予備校や社会人向けの講演で聞いてみると99%以上の人は知らない)にもかかわらず、英語の世界ではとてもよく使われます。ぜひお手元の辞書でyouを引いてみてください。「あなた」「あなた方」の次あたりに、【総称】という見出しで「人は誰でも」といった意味が載っているはずです。

❷ さまざまな場面で登場する「総称のyou」

この「みんな」という意味のyouは、大学受験の英文、日常会話、広告のキャッチコピー、ことわざなどさまざまな場面で使われています。一例として、英会話の慣用表現でyouが使われるものを確認してみましょう。

You never know. 「誰にもわからないよ」

このようにいろいろな場面で使われる「みんな」という意味のyouが、「みんなの党」の英語名としても使われたということなのです。

❸ weとtheyはどこで使うの？

「一般の人」という意味で、多くの人が思い浮かべるのはweやtheyだと思います。実際、文法の授業（受動態の単元）で「theyは一般の人を表す」と説明されたはずです。でもweとtheyを使う際は注意が必要なんです。

weは「（対立集団を意識して）私たちの集団」と言うときだけに使われます。例えば「（昔の人々と対比して）われわれ現代人」や「（動物と対比して）われわれ人間」といった文章で使われます。

そして、「weと対立する集団」にtheyを使います。上記の例で言えば「昔の人々」や「動物」に使うというわけです。

いきなりweを使ってしまうと、つまり「昔の人々⇔現代人」「動物⇔人間」のような対立構造が出てこない文脈でweを使うと、ネイティブにはどの集団を指すのかピンとこないのです。

確かにtheyには「お店、業者」「政府」を表す用法がある（<u>They</u> sell eggs at that store.「あの店では卵を売っている」、<u>They</u> legalized same-sex marriage.「政府は同性婚を合法化した」）ので、これを拡大解釈して、「『一般の人』にはtheyを使うのが普通」だと勘違いしてしまう人が多いわけです。

❹ “we Japanese” は嫌われる!?

日常会話でもビジネスでも、英語を話す場面では、「われわれ日本人は」と言いたいことはよくあると思います。そういったときに、つい何気なくwe Japaneseと言いがちです。

しかしこれは「(他の国民と違って)われわれ日本人だけは」というように、排他的に聞こえたり、場合によっては偉そうに聞こえる可能性があります。また、日本人全員の意見をまとめて一般化してしまうことにもなります。これは日本で暮らすネイティブからも苦情が出ることなのです。そのため、日本人のことを伝えたいときは、many Japanese「多くの日本人は」の形が便利です。

文脈で見分けるさまざまな “you”

それでは本題のyouに戻ります。CNNで使われたyouを確認してみましょう。アンダーソン・クーパーとゲストコメンテーターとの会話で、4つのyouが使われています。それぞれ、どんな意味なのかを確認しながら読んでみてください。

以下は、トランプ大統領の不倫スキャンダルをもみ消したナショナル・エンクワイアラー紙の発行元CEOであるデービッド・ペッカー氏が、対立するワシントンポスト紙オーナーのジェフ・ベゾス氏に、サウジアラビア政府との癒着疑惑の調査の中止を求める脅迫文を送ったことについてのリポートです。

Anderson Cooper: Well, let me ask you about that, Jeff. I mean, in that deal, they basically copped to a statement of facts about Karen McDougal and how that all played out. Is their cooperation only limited to the Karen McDougal case and Michael Cohen?
Jeffrey Toobin: No, not at all. When you cooperate with the Southern District of New York, th...they have a blanket rule that you cooperate about everything; you answer any question they have.

アンダーソン・クーパー：では、その点についてジェフにおたずねします。この訴追免責を受ける司法取引の中で、彼らは、基本的に、カレン・マクドゥーガルさんとその事件の経緯についての陳述書の内容を認めていますが、彼らの捜査協力はカレン・マクドゥーガルさんの件とマイケル・コーエン被告（の捜査）に限定されているのですか。

ジェフリー・トゥービン：いいえ、決してそうではありません。ニューヨーク南部地区の捜査局に協力する場合、全てのことに協力しなければならないという包括的規則があります。つまり、（検察側の）質問が何であれ、答えなければなりません。

[EE 2019年5月号「アマゾンCEOにタブロイド紙が脅迫文」pp.96-97]

まず最初のアンダーソン・クーパーが使っているyouは、文末にJeffと呼びかけていることからも、これは相手を指す「あなた」という意味です。

ところが、ゲストコメンテーターが使っている3つのyouは全て今回解説した「総称のyou」で「みんな」に当てはまるyouなんです。

ここは法的な規則の話ですし、もしこのyouが「あなた」なら、アンダーソン・クーパーがこれからその規則に従って行動するかのような感じになってしまいます。実際、日本語訳でも相手を指す「あなた」という訳出はされていませんね。このように、「総称のyou」はあえて日本語として訳出しないということもよくあります。

学んだことを生かしてCNNニュースを読み解こう▶

CNNニュースで力試し！

米アマゾンCEO(当時)ジェフ・ベゾス氏が、米タブロイド紙から脅迫を受けた。同氏の不倫スキャンダルに関わる過激な私的写真を公開されたくなければ、ナショナル・エンクワイアラー紙の指示に従うよう求める内容だ。トランプ政権に批判的なワシントン・ポスト紙を所有するベゾス氏に対し、脅迫文の送り手ナショナル・エンクワイアラー紙と発行元のアメリカ・メディア社(AMI)は長年の熱心なトランプ氏支援者としても知られている。

そのような対立構図の中、裁判の司法取引を巡るテクニカルな話に入っていく。

Anderson Cooper: Well, let me ask you about that, Jeff. I mean, in that deal, they basically copped to a statement of facts about Karen McDougal and how that all played out. Is their cooperation only limited to the Karen McDougal case and Michael Cohen?
Jeffrey Toobin: No, not at all. When you cooperate with the Southern District of New York, th...they have a blanket rule that you cooperate about everything; you answer any question they have.

[EE 2019年5月号「アマゾンCEOにタブロイド紙が脅迫文」pp.96-97]

□ cop to	(罪などを)認める
□ statement of facts	陳述書
□ Karen McDougal	▶米プレイボーイ誌の元人気モデル。2006年にトランプ氏と不倫関係にあったと公表した。
□ play out	進展する、展開する
□ the Southern District of New York	▶正しくはthe United States Attorney's Office for the Southern District of New York(ニューヨーク州南地区連邦検事局)。
□ blanket rule	一律のルール

和訳

アンダーソン・クーパー： では、その点についてジェフにおたずねします。この訴追免責を受ける司法取引の中で、彼らは、基本的に、カレン・マクドゥーガルさんとその事件の経緯についての陳述書の内容を認めていますが、彼らの捜査協力はカレン・マクドゥーガルさんの件とマイケル・コーエン被告（の捜査）に限定されているのですか。

ジェフリー・トゥービン： いいえ、決してそうではありません。ニューヨーク南部地区の捜査局に協力する場合、全てのことに協力しなければならないという包括的規則があります。つまり、（検察側の）質問が何であれ、答えなければなりません。

アマゾン元CEOのベゾス氏は、世界長者番付において、2018年から2021年まで、2年連続で首位となった

31 「総称」を表す複数形とYou

今回は、名詞の「総称」的用法を取り上げます。特定の人や物を指し示すのではなく、名詞の示す人や物の全体を指して概念化し、「一般的に○○といわれるものは全て」と言い表す表現です。

冠詞と名詞で表す

「総称（～というもの全て・どれでも）」を表す3パターン（可算名詞の場合）

①a＋単数形　　**A dog is a mammal.**
※「1つ」を取り上げるイメージ／英英辞典の説明などで使われる

②the＋単数形　　**The dog is a mammal.**
※生物学の論文などで使われる（硬い印象）

③無冠詞の複数形　　**Dogs are mammals.**
※一番よく使われる

mammal: 哺乳類の動物

この中で、日常会話でもCNNでも頻繁に使われるのは③の形です。つまり名詞にaやtheをつけるのではなく、複数形にするパターンです。例えば、I love dogs.（私は犬が好き）という英文では「一般的に犬といわれるものは全て・どれでも」というニュアンスが込められるのです。ちなみにthe dogsとしてしまうと、「ある特定の複数の犬」を意味します。これらを踏まえて、EEでの例を見てみましょう。

Gidley: And prosecutors don't exonerate. Prosecutors prosecute if they have the evidence.

ギドリー：そして、検察官たちの仕事は無実を証明することではありません。検察官は証拠があれば訴追しますよ。

[EE 2019年7月号「ついに公表された『マラー報告書』混迷深まるトランプ氏のロシア疑惑」p.98]

2回出てくるprosecutorsが「検察官というもの一般」という総称の意味で使われています。また、この英文の動詞は現在形ですが、「昨日も今日も明日も」というニュアンスを持ちます(pp.70-79で解説しました)。総称用法を使うときは、普遍的なことを話すことも多いため、現在形と併用されることがよくあります。

もう1つ見てみましょう。次の文のtheyは「昆虫」を指します。

At that rate, scientists say, all insects could vanish within 100 years. That's even though they're a crucial part of our ecosystems, including food for creatures such as birds, reptiles and fish.

科学者たちによれば、このペースだと、全ての昆虫が100年以内に絶滅する可能性がある。中には鳥類や爬《は》虫《ちゅう》類《るい》、魚類といった動物の食物であるものもあって、昆虫は私たちの生態系にとって欠かせない一部分であるにもかかわらずだ。

[EE 2019年5月号「100年以内に全ての昆虫が絶滅!?」p.33]

最後のbirds、reptiles、fishが全て総称用法です(fishは単複同形なのでsがついていません)。また、最初に示した3つのパターンは可算名詞の場合ですが、不可算名詞の総称用法では「無冠詞単数形」で、theもsも付けずにそのままの形で使います。

ここではfoodもその用法に見えるかもしれませんが、food for... (…のための食べ物)の形で、後ろからfor...の修飾を受けているので総称ではありません。同じく、creaturesもsuch as...の修飾を受けているので、「生き物全て」という意味ではありません。

代名詞で「一般の人・普通の人たち」を表す

「一般の人・誰でも」あるいは「不特定の人々」を言い表す表現は、weやthey、oneが有名ですが、ここでぜひ押さえてほしいのが前項でも解説したyouです。

「一般の人・誰でも」を表す代名詞

※代名詞以外ではpeople「人々」もよく使われます。これもp.181の③「無冠詞の複数形」と同じ感覚です。

① you	**「総称のyou」と呼ばれる用法** ※最もよく使う
② we	**話者を含んだ特定集団（例えば「人間」や「現代人」）**
③ they	**weと対をなすもの（例えば「（人間に対して）動物」や「（現代人に対して）過去の人」）** ※「店員・業者」「うわさをする一般の人々」の場合に使う
④ one	**書き言葉で硬い**

辞書でyouを引くと、「あなた・あなた方」以外に、「人は誰でも」や「みんな」という意味が載っていますが、意外と知られていないのです。ここでも総称のyouが使われた例を確認しておきましょう。

You take lessons, then you go and buy a book, which is based on a theory, whereas the facts are you only have 12 notes.

人はレッスンを受けたり、それから教科書を買ったりする。その教科書はある理論に基づいているよね。でも実際には（1オクターブに）12音あるだけなんだ。

［EE 2021年2月号「『ギターの神様』エディ・ヴァン・ヘイレン、がん闘病の末65歳で死去」p.82］

This is the reality when you have a country that is essentially being run by a bunch of old men who believe in traditional Chinese values, using their immense power to cancel things on television, to cancel things on the Internet.

要は伝統的な中国の価値観を信じている高齢男性の集団によって運営されているその国では、これが現実なのです。彼らは絶大な権力を用いて、テレビでいろいろ削除したり、インターネットでいろいろ削除します。

［EE 2022年2月号「中国テニス選手の消息はいかに!? 国際社会で際立つ深い闇」p.90］

学んだことを生かしてCNNニュースを読み解こう▶

CNNニュースで力試し！ 31

世界中の昆虫の総量が毎年2.5%ずつ減少している。このペースだと、全ての昆虫が100年以内に絶滅する可能性があり、そうなれば地球の生態系が壊滅的に崩壊することも懸念されている。

The world is truly under threat, scientists say, from a catastrophic collapse of nature's ecosystems. Now, this is according to a new, global, scientific review of insects. This report, published in the *Biological Conservation* journal, finds the total mass of insects around the world is falling 2.5 percent every single year. At that rate, scientists say, all insects could vanish within 100 years. That's even though they're a crucial part of our ecosystems, including food for creatures such as birds, reptiles and fish.

［EE 2019年5月号「100年以内に全ての昆虫が絶滅!?」p.33］

□ **be under threat**	危機にさらされている
□ **catastrophic**	壊滅的な
□ **collapse**	崩壊、破綻
□ **ecosystem**	生態系
□ **conservation**	自然保護
□ **the total mass of**	～の総量
□ **fall**	〈数や量が〉減少する
□ **at that rate**	そのペースでは
□ **vanish**	消える、消滅する
□ **be a crucial part of**	～の欠かせない一部分である
□ **reptile**	爬虫(はちゅう)類の動物

和訳

自然の生態系の壊滅的崩壊(の可能性)によって、世界はまさに危機に直面していると科学者は言う。これは昆虫に関する新たな世界規模の科学調査によるものだ。この報告書はバイオロジカル・コンサベーション誌で発表されたものだが、次のように結論づけている。世界中の昆虫の総量が毎年2.5%ずつ減少している。このペースだと、科学者たちによれば、全ての昆虫が100年以内に絶滅する可能性がある。中には鳥類や爬《は》虫《ちゅう》類、魚類といった動物の食物であるものもあって、昆虫は私たちの生態系にとって欠かせない一部分であるにもかかわらずだ。

近年、植物の受粉に不可欠な役割を果たすミツバチの減少などが世界的に問題視されてきたが、今回の調査で、昆虫の減少が想像以上に深刻なレベルに達していることが明らかになった

32 見落としがちな「動詞の語法」とその「効能」

replaceという動詞は、S replace A with/by BやS replace O as...という形でよく使います。今回はreplaceの使い方をマスターしていきましょう(asを使ったパターンはpp.226-231)。

そもそもreplace A with Bという形は「AをBで代用する」と訳されるだけで終わってしまいがちです。もちろんそれ自体は正しいのですが、大学受験生を指導していて気付くのは、この訳語を丸暗記するだけで、「replace A with Bの形で、AとB、結局どっちが手元に残る?」と質問すると、パッと答えられない受験生が多いということです。長文読解の場合は落ち着いて考え直すこともできますが、リスニング試験ではできません。同じように、CNNのニュースを聴いているときも考え直す暇はありませんよね。

replaceは「取り除く」

まずreplaceの訳語ですが、一般的には「取って代わる、取り換える」と訳されることが多いものの、実際にはremove(取り除く)やchange(変える)のイメージを持つとわかりやすくなります。

replaceの直後にくるAに相当する単語(いわゆる「目的語」)を「なくす」わけですから、「Aをなくして、Bを手にする」(withは「〜を持って」という意味)と考えれば、当然「手元に残るのはB」だと即答できるようになります。EEの英文で確認してみましょう。

The Pink Lady's traditional dress and artistic backdrop have been replaced with younger anchors and a sleeker TV-studio look for its propaganda-filled newscasts.

同国(北朝鮮)のプロパガンダに満ちたニュースでは、ピンクレディーの民族衣装と背景のセットは、若いニュースアンカーとよりスマートなテレビスタジオ風に変わりました。

[EE 2019年9月号「あの「ピンクレディー」が引退!? 欧米化図る北朝鮮国営放送」p.61]

ここでは受動態(have been replaced with)になっています。受動態のA is replaced with Bでも同じように「Aがなくなり、Bが手元に残る」とイメージすればいいのです。つまり今回の英文では「ピンクレディーのもろもろがなくなり、若いのが残る」とイメージできればOKです。

exchangeは「交換する」でいいのか？

replace以外にも訳語を覚えるだけでは使いこなせない動詞があります。クイズで確認してみましょう。

問　最終的に手元に残ったお金はどっち？

I exchanged dollars for euros.　　**①ドル　②ユーロ**

exchangeは、単語帳などでもexchange A for B「AとBを交換する」としか説明されないものですが、これでは当然、上のクイズには答えられませんよね。

ここで、『COBUILD Advanced Learner's Dictionary』という辞書でexchangeを引くと、たいへん興味深い説明が出てきます。

1. If two or more people exchange things of a particular kind, they <u>give</u> them to each other at the same time.

2. If you exchange something, you <u>replace</u> it with a different thing, especially something that is better or more satisfactory.

この辞書では、exchangeをgiveや、なんと先ほど説明したreplaceで表現しています。つまりexchangeは「〜を手放す(give)、なくす(replace)」イメージだとわかります。exchange A for Bは「AをなくしてBを手にする」ということだったのです(forは「〜を求めて」という意味)。

当然、先ほどの英文は、I exchanged dollars for euros. の形なので、手元に残るのは、②ユーロです。英文の意味は「私はドルをユーロに交換した(ドルを手放してユーロを手に入れた)」となります。

語法はリスニングでも役立つ

ここまで解説してきたreplaceやexchangeのような動詞の使い方は「語法」と呼ばれるのですが、「英文法」に比べて、この「語法」は軽視されがちです。そこで、今後も訳語だけではピンとこない動詞が出てきたら、辞書でしっかり形(どんな前置詞をとるのか、など)を確認する習慣をつけると、実践的な英語力が身につきます。

また、語法のメリットの1つとして、「リスニングにも役立つ」こともあります。動詞が出てきた時点で、「少し後ろにはあの前置詞がくるはず」と予想できるので、仮にその前置詞がハッキリと発音されていなくても理解できることがあるのです。その視点で以下の文を見てください。

Adam Mesnick, who helps many of the people he encounters with food, a few bucks or just conversation, says he's embarrassed to have his out-of-town relatives come for a visit.

アダム・メスニックさんは、食べ物を与えたり、数ドル恵んだり、単に会話をしたりして、見かけた多くの(ホームレスの)人々を支援していますが、よそから親戚が街に遊びに来ると、ばつの悪い思いをすると言います。

[EE 2020年1月号「『富裕層の町』に異変 サンフランシスコのホームレス危機」p.71]

最初の who helps のところで、help の語法(直後には「人」がきて、その後には “with＋名詞” または “to＋動詞の原形”、もしくは “toなしの動詞の原形” がくることが多い)が頭に入っていれば(これは高校基礎レベルの知識なので必ず知っておいてください)、今回のように、「人」の部分が長い(many of the people he encounters)ときでも、withに反応できるのです。

このニュースでは、実際のリポーターはハッキリとwithを発音せず、僕にはかすかな「ゥ」としか聞こえませんでした。しかし、helpの語法を意識していたおかげで、この「ゥ」がwithのことだと認識できました。

皆さんからもCNNニュースを聴いていて、「語法のおかげで聞き取れた!」というご報告をお待ちしています。

学んだことを生かしてCNNニュースを読み解こう ▶

CNNニュースで力試し！ 32

GoogleやApple、Facebook（現Meta）など名だたるIT企業が本社を構える町、カリフォルニア州サンフランシスコ・ベイエリア。サンフランシスコの平均世帯収入は13.7万ドル（約1500万円）と裕福な住民が多いこの町で、近年ホームレスになる人が急増し、路上生活者があふれ、町の治安が危機的な状況にあるという。

Adam Mesnick, who helps many of the people he encounters with food, a few bucks or just conversation, says he's embarrassed to have his out-of-town relatives come for a visit.

"It's one thing on television, and it's one thing in the movies, but this is real life. And real-life San Francisco—the streets are really, really tough, really tough right now." (Adam Mesnick)

And the problem is growing faster than the city can fix it. For every person the city gets into supported housing, another three will wind up homeless.

Dan Simon, CNN, San Francisco.

[EE 2020年1月号「『富裕層の町』に異変 サンフランシスコのホームレス危機」p.71]

□ **help A with B**	AにBを与えて支援する
□ **encounter**	～に出くわす、出合う
□ **buck**	《話》1ドル
□ **be embarrassed to do**	～するのを恥ずかしく思う
□ **out-of-town**	よそからやってくる、よその町からの
□ **relative**	親族
□ **get A into B**	AをBに入居させる、収容する
□ **supported housing**	支援住宅
□ **wind up**	結局～の状態になる

和訳

アダム・メスニックさんは、食べ物を与えたり、数ドル恵んだり、単に会話をしたりして、見かけた多くの（ホームレスの）人々を支援していますが、よそから親戚が街に遊びに来ると、ばつの悪い思いをすると言います。

「テレビ（ドラマ）で見たり、映画で見たりするのと違って、これは現実です。現実のサンフランシスコでは、路上は実に厳しい、今まさに厳しいものになっているのです」（アダム・メスニック）

そして、この問題は市の対応が後手に回るほど急速に悪化しています。（ホームレスの）1人を支援住宅に入れる間に、3人が新たにホームレスになるペースです。

サンフランシスコからCNNのダン・サイモンがお伝えしました。

経済発展を象徴するビル群と路上のテントが対照的に同居するサンフランシスコの街角

さらにパワーアップ

強化編

33 謎の「原形be」の正体とは？（前編）

pp.70-79で解説した動詞の「現在形」とよく混同されるのが「原形」です。確かに一般動詞の現在形と原形は見た目が似ていることが多く、違いといえば、多くは3単現のsがつくか否かくらいのものです。一方でbe動詞の場合、現在形は多彩に変化(am, is, are)しますが、原形はbeのみです。このbeは、助動詞の後(can beなど)や命令文(Be quiet.など)ではおなじみですね。しかし、次の例文のような形で出てくると、一瞬戸惑ってしまうかもしれません。このbeの正体は一体何なのでしょう？

A UNESCO committee is recommending that the Great Barrier Reef be listed as "in danger," due to climate change.

あるユネスコの委員会は、気候変動を理由に、グレートバリアリーフを「危機にさらされている」世界遺産リストに登録するよう勧告している。

[EE 2021年10月号「ユネスコvs豪政府 世界遺産を巡る騒動」p.41]

「仮定法現在」の一般的な説明

英語上級者であれば、「recommendのthat節の動詞だから、原形になっているんだな」と言える人も多いでしょう。でもそのときに「これってshouldが省略されているんだよね」とまで言ってしまうと、僕としては「もっといい考え方があるのに」と思うわけです。

今回はその辺りの理屈をきちんと解説していきます。まずは従来のよくある説明を見て、「そういえば、そう習ったなあ」くらいの確認をしてみてください。

「提案・主張・要求・命令・決定」を表す動詞がきたら、その動詞の目的語になるthat節の中では“should＋動詞の原形”か、shouldが省略されて“動詞の原形”だけが使われる。この「動詞の原形」が使われる用法を「仮定法現在」と呼ぶ。

基本形 **S V that S'（should＋）動詞の原形**

提案：suggest, propose **「提案する」**／recommend **「勧める」**
主張：urge, advocate **「主張する」**
要求：request, require, demand, insist **「要求する」**
ask **「頼む」**／desire **「願う」** ※commandの婉曲／prefer **「よいと思う」**
命令：order, command **「命じる」**／advise **「忠告する」**
決定：decide, determine **「決定する」**／arrange **「取り決める」**

この説明には、どうにもふに落ちない点が2つあります。1つ目は「提案・主張・要求・命令・決定」の動詞を丸暗記するよう強いられることです。ネイティブがそんなことを呪文のように覚えているとは思えません。もう1つは「shouldが省略される」という説明です。皆さんが今まで英語を勉強してきた中で「助動詞が省略される」ことなんて、この他では一度もなかったはずです。

「命令系統の動詞」と考える

「提案・主張・要求・命令・決定を表す動詞」は、実は全て「命令の意味合い」がベースになっています。例えばsuggest「提案」は遠回しの命令です。僕が「この連載を読むといいよ」と提案した場合、「遠回しに優しく命令している」とも言えます。その命令の度合いが強くなれば「この連載で勉強すべき」という「主張」になり、「この連載で勉強して」という「要求」になります。そして「連載を読むことに決まりました」という「決定」は、相手に拒否を許さない「強い命令」となります。どれも程度の問題であって、結局は「命令がベース」になっているのです。

これを念頭に、先ほどの動詞の一覧をチェックしてみてください。呪文のように「提案、主張、要求、あとは…」なんて覚える必要はありません。冒頭のEEの例では「提案」のrecommendが使われていますね。

shouldがくる形

一般的に“should＋動詞の原形”を使うのはいわゆるイギリス用法で、助動詞なしで“動詞の原形”を使うのはアメリカ用法です。それぞれで発想が違うのですが、まずはイギリス用法から。命令系統の動詞の後にくるthat節は「命令の内容」となることを意識してください。例えば、recommend that「〜ということを勧める」では、that以下は「勧める（≒命令する）内容」ですね。

ここでのポイントは、命令内容は「まだ現実に起きていない」ということです（すでに起きていることは勧めませんよね）。「現実には起きていないこと」→「反事実・非現実」なので「仮定法の目印である助動詞の過去形」が使われるのです。忘れがちですが、shouldはshallの過去形です。wouldなど、仮定法で使われる助動詞の過去形は他にもありますが、この用法で使えるのはshouldだけです。ちなみに、これは「仮定法のshould」なので、「すべき」と訳す必要はありません。ここでは、「現実のことや実現したことではないですよ」という単なる目印として機能しています。

動詞の原形が使われるとき

アメリカ用法はシンプルで、「命令系統の動詞がきたらthat節の中も“命令文”にする」という発想です。命令文では「動詞の原形」を使いますね。さすがにthat節の中なので、そこでの主語は必要ですが、動詞自体は命令文と同じ「動詞の原形」を使うのです。

冒頭のEEの例が the Great Barrier Reef be listedとなっているのはこういった理由だったのです。

「shouldの省略」という説明の方が簡単に思われそうですが、やはり「助動詞の省略」なんていう、普段あり得ないことを覚えるのは、お勧めできません。英語を正しく学ぶためには、きちんとした、かつスマートで洗練された文法の考え方が必要だと思っています。

学んだことを生かしてCNNニュースを読み解こう ▶

CNNニュースで力試し！

グレートバリアリーフは、豪クイーンズランド州の北東岸に広がる世界最大のサンゴ礁。気候変動による海水温の上昇が主な要因で、1995年と比べてサンゴが半減している。ユネスコは「危機にさらされている」世界遺産としての登録を勧めているが、経済資源として利用したい豪政府はそれに抗議している。

A battle is brewing over one of the world's great natural wonders and one of its most delicate and diverse ecosystems. A UNESCO committee is recommending that the Great Barrier Reef be listed as "in danger," due to climate change. But Australia is strongly opposed, saying it's spent billions to protect the reef. The country is appealing that recommendation.

［EE 2021年10月号「ユネスコ vs 豪政府 世界遺産を巡る騒動」p.41］

□ **be brewing**	〈好ましくないことが〉起ころうとしている
□ **natural wonder**	自然の驚異
□ **diverse**	多様な、多様性に富んだ
□ **ecosystem**	生態系
□ **UNESCO**	UNESCO＝United Nations Educational, Scientific and Cultural Organization　国連教育科学文化機関、ユネスコ
□ **reef**	暗礁
□ **list A as B**	AをBとしてリストに載せる
□ **in danger**	危機に直面した
□ **climate change**	気候変動
□ **be opposed**	反対している、難色を示している
□ **appeal**	（判決などに対して）訴える、控訴する、抗議する

和訳

世界でも有数の自然界の驚異であり、最も傷つきやすく多様性に富んだ生態系の1つに関する論争が起ころうとしている。あるユネスコの委員会は、気候変動を理由に、グレートバリアリーフを「危機にさらされている」世界遺産リストに登録するよう勧告している。だが、オーストラリア政府はこのサンゴ礁の保護に何十億ドルも投じてきたとし、強く反発。同国はこの勧告に対して抗議している。

全長約2000kmにおよぶグレートバリアリーフのサンゴ礁。そこには1500種以上もの熱帯魚が暮らしている(上)。グレートバリアリーフは、ウミガメの産卵地としても知られている(右)

34 謎の「原形be」の正体とは？（後編）

前項では「仮定法現在」の正しい考え方を解説しました。ポイントは以下の２つです。

①「提案・主張・要求・命令・決定を表す動詞」というのは単に「命令系統の動詞」のこと。

②その動詞の目的語になるthat節には“should＋動詞の原形”か“動詞の原形”がくる（“should＋動詞の原形”は仮定法の感覚、“動詞の原形”は命令文の感覚）。この“動詞の原形”が使われる用法を「仮定法現在」と呼ぶ。

suggestの二面性

さて今回は、応用事項を２つ解説していきます。まずは次の英文を見てください。

Then, in 2015, several scientific studies suggested the elevation may have changed after a 7.8-magnitude earthquake hit Nepal.

その後、2015年、いくつかの科学的研究が示唆したのは、ネパールを襲ったマグニチュード7.8の地震の後、この標高が変わったかもしれないということでした。

［EE 2021年4月号「エベレスト『標高』論争に決着 中国とネパールが共同発表」p.77］

前項で、動詞suggestはthat節に“should＋動詞の原形”や“動詞の原形”をとると解説しました。しかし上の例文では、動詞にsuggestが使われているのに、that節（thatは省略）の動詞にはmay have p.p.（～したかもしれない）がきています。どういうことでしょうか？

suggestには大きく2つの意味があります。suggestが「提案する」という意味の場合、「(遠回しに、かつ優しく命令をする)命令系統の動詞」として機能するため、“should＋動詞の原形”か“動詞の原形”がくるはずです。

一方で、suggestには「ほのめかす」「示唆する」という別の意味もあります。この場合、「事実(少なくともその時点で事実らしいこと)をそれとなく伝える」ことを示します。「事実」とする以上、仮定法の発想などあるわけがないのです。事実(現実)の内容を「命令する」のも変ですよね(実際にEEを読んでいる人に「EEを読むといいよ」と提案するのはナンセンスです)。ですから、「ほのめかす」という意味で使われる場合には、that節に“(should＋)動詞の原形”をとらず、決まった形はありません(今回は推測のmayが使われています)。

そもそも、that節の中で“should＋動詞の原形”を使う理由は「that節の内容が非現実(仮定法)だから」であり“動詞の原形”を使う理由は「命令の内容を示しているから」でした。先ほどの例はそのどちらでもありませんね。

ちなみに、suggestが持つ2つの意味の共通点は「遠回し」のニュアンスであることを知っておくといいでしょう。「遠回しに命令する」→「提案する」、「遠回しに言う」→「ほのめかす」「示唆する」となります。

suggestの意味

①「提案する」(遠回しの命令) ➡ that節の中には“should＋動詞の原形”か“動詞の原形”がくる

②「ほのめかす」(遠回しの伝達) ➡ 直説法(仮定法ではない、普通のいろいろな形)

「命令形容詞」という考え方

もう1つの応用事項にいきましょう。まずはCNNニュースの英語を確認します。

I think Governor Cuomo is capable of being president, but I think it’s also important that there be a woman.

クオモ州知事は大統領としてふさわしい能力をお持ちだと思いますが、私は、（副大統領の座に）女性がいることも重要だと思っています。

［EE 2020年7月号「バイデン候補、ザッカーバーグ夫妻が登場 コロナ危機にどう立ち向かうか」p.104］

ここでもいきなりbeが登場しますね。there is a womanではなく、there be a womanとなっています。結論から言えば、これはimportantの影響です。

なんとなく察しがつく方もいると思いますが、動詞であれ形容詞であれ、「命令系統」の意味であれば、当然その後のthat節の中では同じ発想をするだけなのです。あえて「大切だ」と言うからには、「まだ現実に起きていないのでshouldを使う」という発想や、「命令のニュアンスを持つので命令文と同じ原形を使う」という発想があるわけです。

命令系統の形容詞の使い方

It is 命令系統の形容詞 that S (should) 動詞の原形

⬇

①**重要**：important, crucial, vital, essential, critical **「重要な」**
②**必要**：necessary, indispensable, imperative, compulsory **「必要な」**
③**理想**：appropriate, proper **「適切な」**／
advisable, desirable, preferable **「望ましい」**

細かく分けると、「重要・必要・理想」などの意味を持つ形容詞ということになりますが、どれも「命令」のニュアンスが根底にあることを意識してください。もっと言ってしまえば「説教くさい形容詞」で、importantやnecessaryは、相手に「大切だよ」「必要だよ」と説教や忠告をしていると考えられるのです。

以上、前項から2回に分けて、文中でいきなり出てくるbeについて、徹底的に解説しました。CNNニュースを聴いているとき、いきなりbeが出てきてパニックになることがあるかもしれません。でも文法をきちんと知っていると、むしろこの突然のbeが心地よく聞こえるはずですよ（経験談）。

学んだことを生かしてCNNニュースを読み解こう ▶

CNNニュースで力試し！ (34)

中国とネパールの国境にまたがる世界最高峰のエベレストの高さについては、何十年もの間、論争が続いていた。しかし、中国とネパール両国が並行して測量した結果、合意された正式な高さが発表された。

The height of Mount Everest was first calculated in 1856, by the surveyor general of India led by Britain, Sir George Everest, the man the mountain is named after. It measured 8,840 meters then. A Chinese survey done in 2005 found that the mountain stood at 8,844 meters, but Nepal refused to recognize that number.

Then, in 2015, several scientific studies suggested the elevation may have changed after a 7.8-magnitude earthquake hit Nepal. Two years later, the Nepali government said they would send their surveyors to try and determine the height.

[EE 2021年4月号「エベレスト『標高』論争に決着 中国とネパールが共同発表」p.77]

□ **calculate**	～を計算する、算出する
□ **surveyor general**	測量監督、測量局長官　▶イギリスでは旧植民地の測量責任者を(アメリカでは州の境界を測量・策定した責任者を)表す。
□ **led by**	～に導かれる、率いられる
□ **be named after**	～にちなんで名付けられる、命名される
□ **measure**	〈大きさ・高さ・重さなどが〉～ある
□ **stand at**	高さが～ある
□ **elevation**	標高、高度
□ **Nepali**	ネパールの
□ **determine**	～を測定する、(測定や研究で)突き止める

和訳

エベレスト山の高さが初めて測定されたのは1856年のことで、英国の指揮下にあったインドで測量局長官を務めたジョージ・エベレスト卿によるものです。エベレスト山の名の由来になった人物です。当時、この山は8840mと測定されました。2005年に行われた中国の調査では8844mであるとの結果でしたが、ネパールはその数値を認めようとしませんでした。

その後、2015年、いくつかの科学的研究が示唆したのは、ネパールを襲ったマグニチュード7.8の地震の後、この標高が変わったかもしれないということでした。その2年後、ネパール政府は、エベレストの高さを測定しようとするために測量技師たちを派遣するつもりであると発表しました。

2019年にネパールを訪問した中国の習近平主席と同国のビドヤ・デビ・バンダリ大統領（左）。測量は長く厳しい任務だった（下）

35 mayとmightの「感覚」と「重要表現」

mayは「50%」

mayには、許可(〜してよろしい)と推量(〜かもしれない)の2つの意味がありますが、それぞれ、話者にどの程度の確信があるときに使われる表現なのでしょうか。

例えば推量の場合、日本語の「かも」はあいまいな表現で、高確率のこと(雨雲を見ながら「雨が降るかも」)にも使えますし、確率が低いこと(「宝くじだって買えば当たるかもしれない」)にも使えます。

しかし英語のmayは、そこまであいまいではありません。もちろん言葉のニュアンスを明確に数値化することは難しいですが、便宜的に「50%」「半々」程度と理解しましょう。

mayの核心:「50%」「半々」
① 許可「〜してもよい」 ※オススメ度が50%
② 推量「〜かもしれない」 ※確信の度合いが50%

might≒mayと考える

学校では一般に「mightはmayの過去形」と教えられますが、mightだけでは決して「〜かもしれなかった」という意味にはなりません(詳細はp.205 **その1** を参照)。実際はほとんどの場合「mayの代わり」として使われます。

厳密に言えば、mayに仮定法のニュアンス「もしかしたら」が加わったのがmightです(pp.56-61やpp.126-130で解説した通り、助動詞の過去形は「仮定法」の目印です。したがって、mightは「(50%とまではいかないが)もしかしたら〜かもしれない」という意味になります。

mayとmightは意味が似ているせいか、最近は「用法で区別される」傾向があります。mayは「許可」の意味に、mightは「推量」の意味に使われることが多いのです。中には「mightに許可の意味はない」と主張するネイティブもいるほどです。

mightの重要な意味
① 推量「もしかしたら～かもしれない」
② 許可「もしかしたら～してもよい」➡「～したら?」(提案)
※「控えめなmay」という感覚(may同様に2つの意味)

mayやmightを使った表現

その1 過去のことを表すには?

But the real test may have been New Zealand versus the coronavirus.

だが本当の戦いはニュージーランド対新型コロナウイルスだったのかもしれない。

[EE 2021年2月号「世界の模範となるか? NZ vs 新型コロナ」p.35]

“may＋動詞の原形” は「～するかも」という「現在やこれからのことに対する推量」ですが、「過去のことに対する推量」を述べたいとき、助動詞mayの後に過去形を持ってくることはできないため、may have p.p. の形を使います。また、may≒mightなので、might have p.p. もほぼ同じ意味です。

その2 丁寧な提案表現

“So if you’re eating these burgers solely for their health value, then you may want to reconsider.”

「ですから、こうした(代替肉の)ハンバーガーをその健康面の価値だけから食べているとすれば、考え直した方がいいでしょう」

[EE 2019年11月号「ハンバーガーが変わる! 巨大産業に発展か? 台頭する「人工肉」市場」p.74]

You may [might] want to doは、「あなたはもしかしたら～したいと思うかもしれません」→「(そう思うなら)～してみてはいかがでしょうか」という、ビジネスシーンで頻出の丁寧な提案表現です。

その3 控えめなお勧め表現

I wasn't sure, you know, about the reach it would get, but I just felt like while I'm here, while for some reason there's a TV camera on me, I might as well use it to the best of my ability.

どこまで届くかもわかりませんでしたが、せっかくここ(全米オープン)にいるのだから、何かの理由でテレビカメラが私を映している間に、できるだけ自分の立場を利用したいと、そんなふうに考えていました。

(※テニスの大坂なおみ選手がマスクで人種差別反対の意思を示したときのインタビュー)

[EE 2020年12月号「全米オープン2度目の優勝 大坂なおみ」p.98]

ここではmay [might] as well do「～してもいいだろう」という表現が使われています。このasは本来as...asで、may [might] as well do as not doということです。直訳は「～しないことと同じくらい、～しても十分によろしい」で、そこから「まあ、してもしなくても同じだけど、あえて言えば～すればいい」となるわけです。

単に「～したほうがよい」といった訳語だけが示されるのが一般的ですが、これだけでは「かなりの確信があって勧めている」と誤解されてしまいます。本来はas...asだということを意識して、「どちらかと言うと」というニュアンスを感じ取りましょう。

学んだことを生かしてCNNニュースを読み解こう ▶

CNNニュースで力試し！ 35

ラグビーのニュージーランド代表(オールブラックス)とオーストラリア代表(ワラビーズ)が戦う全3試合の伝統的な対抗戦であるBledisloe Cup(ブレディスロー・カップ)が2020年に行われた結果をCNNがリポート。

Rugby's second Bledisloe Cup match wrapped up a short time ago with a win for New Zealand's All Blacks. They beat the Australian Wallabies 27 to 7 in Auckland. But the real test may have been New Zealand versus the coronavirus. More than 46,000 fans were able to watch the match in person after the country's successful effort to halt COVID-19. And you can see the crowds here at Eden Park. It's also about what you don't see: no masks, no social distancing.

[EE 2021年2月号「世界の模範となるか？ NZ vs 新型コロナ」p.35]

□ **match**	試合
□ **wrap up**	終わる
□ **beat**	～を打ち負かす、～に勝つ
□ **in person**	直接に、じかに
□ **successful**	好結果の、成功した
□ **effort to do**	～するための取り組み、努力
□ **halt**	～を終わらせる、食い止める
□ **COVID-19**	＝coronavirus disease 2019　新型コロナウイルス感染症
□ **crowd**	群衆、観衆
□ **Eden Park**	イーデン・パーク ▶オークランドにあるニュージーランド最大のスタジアム。
□ **It's about...**	注目すべきは…である

和訳

ラグビーのブレディスロー・カップの第2戦が、ニュージーランドのオールブラックスの勝利で先ほど終わった。彼らはオークランド(で行われた試合)で、オーストラリアのワラビーズを27対7で下した。だが本当の戦いはニュージーランド対新型コロナウイルスだったのかもしれない。同国がコロナ封じ込めの取り組みに成功した結果、4万6000人以上のファンが直接観戦することができた。こちらイーデン・パークに集まった観客が見える。目に見えないものにも注目すべきだ。つまり、マスクなし、ソーシャル・ディスタンスもなしだったことに。

Bledisloe Cup(ブレディスロー・カップ)とは、ラグビーのニュージーランド代表(オールブラックス)とオーストラリア代表(ワラビーズ)が戦う全3試合の伝統的な対抗戦の名称

36 接続詞asの攻略法(前編)

asという単語にはたくさんの訳し方があるので、深く考えずについ読み流してしまう、なんてことはありませんか。今回は、特にたくさんの意味を持つ接続詞としてのasを解説していきます。

品詞を意識する

まずは接続詞以外の用法も含めて、asの全体像から見ていきます。「品詞」を意識すれば、それだけで意味を絞ることができます。例えば、前置詞のasには「〜として」「〜のとき」という意味しかありません。

asの全体像(品詞)

	形	意味
副詞	as A as B ※後半のasは接続詞	「同じくらい」
前置詞	as 名詞	「〜として」「〜のとき」
接続詞	as S' V', S V. / S V as S' V'.	「〜しながら」 「〜するように」「〜なので」など
関係代名詞	先行詞にsuchなどがつく	なし ※修飾する「働き」
その他	熟語をつくるasなど	例:A such as B 「例えばBのようなA」

接続詞のas

asを辞書で引くと、接続詞の用法だけで10個程度の意味が載っていますが、主要なのは次の7つです。

今回と次項では、その中でさらに重要な④比例、⑤様態、⑥譲歩、⑦名詞限定の4つを解説します。

接続詞asの意味　核心：同時

①比較「〜と同じくらい」　②時「〜するとき・〜しながら」　③理由「〜なので」
④比例「〜するにつれて」　⑤様態「〜するのと同じように」
⑥譲歩「〜だけれども」　⑦名詞限定「〜のような」

asには②時や③理由などの意味もありますが、それらはwhenやbecauseもしくはsinceなどで置き換えられます。一方、as特有の意味である④比例には注意が必要です。

また、どの意味であれ、asにはその根底に「同時に」という意味があると覚えておくことが重要です。

比例「〜するにつれて」

「2つの動作が同時に起きる」ことから、「〜するにつれて」という意味が生まれます。この意味になるときは、As S' V', S V. の中に「変化」を表す単語やフレーズ（比較級・変化動詞・移動動詞）がよく使われます。

「比例」のasを識別する目印

※英文中にどれか1つでも含まれていたらOK・どこにあっても（as節中でも主節中でも）OK

1. 比較級
2. 変化動詞「〜になる／変わる」become / grow / turn / get / increase / shrink など
3. 移動動詞（場所の変化）go / pass / rise など

ベストな訳語を判断するには文脈も大切ですが、9割以上の英文でこの識別方法が使えます。

And the salt concentration in Lake Urmia is dramatically increasing as the water body shrinks.

そしてウルミア湖の塩分濃度は、水域が縮小するにつれて劇的に上昇しています。

[EE 2021年12月号「中東最大の湖が塩の砂漠に イランのウルミア塩湖が消滅の危機」p.86]

様態「〜するのと同じように」

接続詞のasが持つ、もう1つの重要な用法を解説します。

As S' V', S V.「S' V'と同じように、S Vだ」において、従属節（As S' V'）と主節（S V）は「同じような意味」になるはずです。その場合、代動詞を使ったり、省略が起きたりするのが普通です。これを逆手にとれば、以下の表現があれば「様態」のasだと判断できます。

> **「様態」のasを識別する目印**
> **1. 似た表現の繰り返し**
> **2. 代動詞（do / does / did）**
> **3. 省略**

Well, most of these users are coming to the Internet via smartphones, which are extremely cheap in India, as is data.

実は、こうしたインターネット利用者の大半はスマホを通じて利用しています。スマホはインドでは極めて安価で、通信料も同様です。

［EE 2019年4月号「中国に迫る巨大市場 インドのデジタル革命」p.66］

as is dataの部分で省略が起きていますが、isの主語が省略されているわけではなく、単なる倒置で、主語はdataです。実際には、as data is extremely cheapということです。和訳も「同様です」となっていますね。

今回は、asの全体像や核心の意味、④比例、⑤様態を解説しました。次項では少しだけ難しいとされる⑥譲歩、⑦名詞限定 を解説していきます。

学んだことを生かしてCNNニュースを読み解こう ▶

CNNニュースで力試し！ 36

かつて中東最大の大きさを誇ったイランのウルミア湖の一部が蒸発し、元の面積の約半分にまで縮小が進んでいる。湖に流入する河川でのダム建設も要因の1つだが、最大の原因は地球温暖化による降水量の減少だ。水不足や健康被害、農業への悪影響などによる混乱が続く中、イラン政府は湖を保護するための取り組みを行っている。

And the salt concentration in Lake Urmia is dramatically increasing as the water body shrinks. Microorganisms that flourish in salty water have dyed much of what's left of the lake a reddish-pink color.

The deputy head of this province's environmental-protection agency tells me he believes there are now about 6 billion tons of salt around the lake.

Still, he says, he's confident they can stop the lake from drying up.

[EE 2021年12月号「中東最大の湖が塩の砂漠に イランのウルミア塩湖が消滅の危機」p.86]

□ salt concentration	塩分濃度
□ water body	(湖・湾などの)水域
□ microorganism	微生物
□ flourish	よく生育する、繁茂する
□ dye A B	AをB(色)に染める
□ what is left of	～の残りもの、残骸
□ reddish-pink	赤みがかったピンク
□ deputy head	副局長
□ province	(行政区画の)州、省
□ dry up	干上がる

和訳

そしてウルミア湖の塩分濃度は、水域が縮小するにつれて劇的に上昇しています。塩水で繁殖する微生物が、残った湖の大部分を赤みがかったピンク色に染めています。

この州の環境保護局の副局長が言うには、現在ウルミア湖の辺りには約60億トンの塩があると考えているそうです。

それでも彼は、同局が湖の枯渇を防げるという確信があると言います。

塩分濃度が急激に上昇して微生物が繁殖したことで、赤みがかったピンク色に染まった湖(上)。湖の枯渇は防げると自信を見せる環境保護局の副局長(下)

37 接続詞asの攻略法（後編）

前項で、asは「品詞」を意識すべきであり、特に厄介な「接続詞としてのas」の核心が「同時に」であることを解説しました。さらに、多くの用法のうち「比例（〜するにつれて）」と「様態（〜と同じように）」の2つについても解説しました。今回は応用として「譲歩」と「名詞限定」という別の用法を解説していきます。

譲歩「〜だけれども」

「AだけれどもB」というのは、やはりasの核心である「同時」が根底にあります。「（対照的な）AとBが同時に起きている」ということです。この用法ではasを含む節が特殊な語順になるのが特徴です。

> **「譲歩」のasの識別方法（形から判断する）**
> **(As) X as S' V', S V. 「S' V' はXだけれども、S Vだ」**

この用法は受験英語の世界で有名で、Rich as he is, he isn't happy.「彼はお金持ちではあるが、幸せではない」という英文でよく説明されます。

受験参考書では文頭にAsを置かない形（X as S' V', S V.）だけが取り上げられることがほとんどですが、本来は、As X as S' V', S V. という形です。「先頭のAsは省略可能」と暗記すれば早いのですが、本書のポリシーとして成り立ちから解説します。実はこの譲歩のasは、以下のように分詞構文をもとにしているのです。

1. 本来の形	**Being as X as S' V', S V.**	※Beingからカンマまでは分詞構文
2. Beingを省略	**As X as S' V', S V.**	※分詞構文のBeingはよく省略される
3. 文頭のAsも省略	**X as S' V', S V.**	

Beingの省略はよくあることですが、次第に文頭のAsも省略されるようになっていきました。フォーマルな文章ではAsを文頭につける形が好まれ、入試の英文でもたまに見かけます。文の形がAs X as S' V', S V.で、「S' V'とS Vが同時に起きてはいるものの、反対の内容である」というとき、asに「〜だけれども」という訳語が用いられるのです。

この成り立ちを知っていると、「(As) X as S' V', S V.の形は順接の意味になることもある」という文法書や辞書の説明にも納得がいきます。本来は分詞構文である以上、「意味は文脈で決まる」からです。この(As) X as S' V', S V. に、「S' V'はXだけれども、S Vだ」という意味だけでなく、文脈次第で「S' V'がXなので、S Vだ」といった順接の意味にもなりうるのです。

①Asの有無	**文頭のAsはあってもなくてもOK**
②意味は文脈次第	**「〜だけれども」が多いが、「〜なので」の場合もあり**

これを踏まえて、EEの例を確認してみましょう。

"As powerful as California is, can one state make much of a difference?"

「カリフォルニアのような強力な州とはいえ、1つの州が大きな変革をもたらすことが、果たしてできるのですか」

[EE 2017年9月号「カリフォルニア州 パリ協定離脱のトランプに反旗」p.80]

前半がAs X as S' V'の形ですね。ここでは文脈上「パワフルだけれども」という意味合いです。

名詞限定「～のような」

次は「名詞の意味を限定する」用法です。接続詞の本来の役目は、「副詞のカタマリをつくること」なので、「名詞を修飾する＝形容詞的な働き」をもつ名詞限定は、少し特殊な用法です。大学入試での出題頻度はそれほど高くないですが、CNNでは多用されますので、しっかり確認しておきましょう。

「名詞限定」のasの識別方法

- **as節中に「代名詞(itなど)」がある(その代名詞は「as直前の名詞」を指す)**
- **as節中の“S＋be動詞”が省略され、“as形容詞”や“as p.p.”の形になる(この形では「代名詞」も省略される)**

“名詞 as we know it”「われわれが知っている名詞」の形で使われることが多いです。単に名詞を挙げるときは、その名詞の一般的な意味を表すわけですが、その後にas we know itをつけることで、「われわれが知っている範囲に限定する」役割があります(複数名詞を限定するなら、itはthemになります)。

For the first time, scientists say they've found a relatively nearby planet with water and temperatures that could potentially support life as we know it.

科学者たちによると、私たちが知る形での生命を維持できる可能性がある水と温度を備えた、比較的近くにある惑星を初めて発見した。

[EE 2020年1月号「ヒトが住める惑星、ついに発見!?」p.31]

もちろん、know以外の動詞が使われることもあります。

You know, we...we print and...and report the truth as we see it, and the Chinese government doesn't like that, but we don't...we don't take that into account, whether they like it or not. The important thing is to tell the truth.

その、われわれは自分たちの目で見たままの真実を世に出し、報道する。中国政府はそれを快く思っていませんが、われわれは考慮しませんからね、彼らのお気に召すかどうかは。肝要なのは真実を伝えることです。

［EE 2019年12月号「命がけの取材で見た 中国の『表の顔』と『裏の顔』」p.18］

以上、2項にわたって接続詞asの重要な4つの意味を解説しました。次にasを見つけるのが楽しみですね。

学んだことを生かしてCNNニュースを読み解こう ▶

CNNニュースで力試し！ 37

CNN北京支局特派員として現地から中国情勢のリポートを続けてきたマット・リバーズ記者をEE編集部が独占取材。国際社会から注視されている中国の新疆《しんきょう》ウイグル自治区での少数民族ウイグル族への弾圧問題についてなど、米中関係の実態やアジアにおける取材活動について語ってくれた。

They don't influence our reporting in terms of affecting what we print. You know, we...we print and...and report the truth as we see it, and the Chinese government doesn't like that, but we don't...we don't take that into account, whether they like it or not. The important thing is to tell the truth.

However, they do consistently try and influence us. And you saw in our reporting—you know, we were harassed; we were threatened with arrest; we were followed 24/7 by people who wouldn't identify themselves; we were followed in cars; you know, we were...we were lied to consistently by officials in...on the ground in Xinjiang.

［EE 2019年12月号「命がけの取材で見た 中国の『表の顔』と『裏の顔』」pp.18-19］

□ **take...into account**	…を考慮に入れる
□ **consistently**	首尾一貫して
□ **harass**	～に嫌がらせをする
□ **threaten A with B**	AをBで脅す
□ **24/7**	毎日24時間・週7日ずっと
□ **identify oneself**	自分の名前や身分を明かす
□ **lie to**	～に嘘をつく

和訳

　われわれが何を世に出すかについては、（中国）当局はわれわれの報道の内容に影響を及ぼしていません。その、われわれは自分たちの目で見たままの真実を世に出し、報道する。中国政府はそれを快く思っていませんが、われわれは考慮しませんからね、彼らのお気に召すかどうかは。肝要なのは真実を伝えることです。

　とはいえ、確かに彼らは一貫してわれわれに影響を及ぼそうとしています。そしてあなたが私たちの（新疆の人権問題についての）報道でご覧になったように、われわれは嫌がらせを受けました。逮捕すると脅されました。毎日24時間、身元を明かそうとしない者たちに尾行されました。車で尾行され、新疆の地では役人たちに、終始、嘘をつかれました。

貿易摩擦で対立するアメリカと中国（上）。中国の新疆ウイグル自治区からリポートするリバーズ記者。取材中は常に警官が監視している（右）

38 知らない単語を「形から」予測する（前編）

高校入試や大学入試であれば、「リーディングでは難しい単語が出てきても、リスニングには難しい単語は出ない」という暗黙の了解があります。しかし当然ながら、CNNのニュースには難しい単語が容赦なく出てきます。「あれ、聞き取れない」と思って英文スクリプトを確認してみると「聞き取れないどころか、そもそも知らない単語だった」なんてことも珍しくありません。では、以下の文はどうでしょうか？

On September 8th, the Ocean Cleanup project towed the system out of the San Francisco Bay. They billed it as the largest cleanup in history.

9月8日、オーシャン・クリーンアップのプロジェクトで、その装置はけん引され、サンフランシスコ湾を出発しました。彼らはそれを史上最大の清掃活動だと宣伝しました。

[EE 2019年2月号「巨大な浮遊式フェンスで回収 海洋プラごみ一掃作戦が始動」p.62]

いかがでしたか？ 2文目の中ではbill（動詞の用法）が難しいと思います。billは名詞なら「請求書」「紙幣」「法案」などの意味でおなじみですし、動詞でも「請求書を送る」なら想像がつくでしょうが、今回はまったく違う意味ですね。1文目のtowも難しいかもしれませんが、ここでは後ろにあるout of...「…から外へ」から、「引っ張り出す」のような意味を予想できればOK、ということだけ触れておきます。

もちろん普段なら、前後の内容から意味を予想できることもありますが、ここでは抜粋なので文脈はわかりません。そこで「知らない単語の意味を英文そのものの形から考える」方法を解説します。

「形」から「意味」がわかる

実は英語の世界では、文が“動詞 A as B”という形を取ったとき、動詞が何であれ、原則的に「見なす」という意味になる、という隠れたルールがあります（ちなみにこのasは「前置詞のas〔～として〕」です）。

つまり、知らない動詞であっても“動詞 A as B”の形から「AをBと（して）見なす」と考えれば、大体の意味が理解できてしまうのです。論より証拠、次の文を見てください。

The boy uses the box as a chair.

動詞useを知らない人はいませんが、仮にuseを知らないとして、“動詞 A as B”という形に注目して、「見なす」という意味で考えてみてください。

その少年は、その箱をイスと見なす。

これでも十分意味が通りますよね。つまりuse「使う」を知らなかったとしても、100点満点の訳ではないかもしれませんが、「見なす」と考えることで、その意図する内容は十分に取れてしまうのです。

大学受験の世界では、regard A as B が代表的で、regardの他によく使われるのは、look on ／ think of です。そのほか長文の中で見かけるのが、see ／ take ／ view ／ identifyなどですが、いずれも「見なす」と考えればよいのです。

冒頭の例もこの考え方で確認してみてください。billed it as... が“動詞 A as B”の形ですから、今回のbillは「見なす」で処理できるのです（もちろんEEの語注ではより正確に「AをBとして宣伝する、AをBとうたう」とありましたが）。

変形パターン（その1）

さらに、この“動詞 A as B”の変形パターンを2つほど見てみましょう。1つ目は変形というほどでもありませんが、受動態の形でもよく使われるので取り上げておきます。

〈A is p.p. as B〉「AはBと見なされている」となるだけです。次の例では2つ出てきています。celebrateの意味は知っている人も多いでしょうが、単語がわからないという仮定のもと、「見なす」と考える練習をしてみてください。

In the United States, the burger has been both celebrated as an American favorite but also denigrated as unhealthy.

アメリカでは、ハンバーガーは、アメリカ人の大好物として称えられているのみならず、不健康なものとして悪くも言われています。

[EE 2019年11月号「巨大産業に発展か？ 台頭する『人工肉』市場」p.72]

文の骨組みとなる形だけを抜き出すと、has been celebrated as…と、(has been) denigrated as…という、2つのbe p.p. asがあり、両方とも「見なされている」と考えても十分に意味を理解できますよね。

変形パターン(その2)

“動詞 A as B”においてasは前置詞ですから、本来は後ろに名詞がくるのですが、「Bに形容詞や現在分詞(-ing)がくる」ことがたまにあります。文法書できちんと説明されることは少ないのですが、実際には見かけます。

現在分詞がくる例としてよくあるのが、asの後にsayingがくる表現です。“動詞 A as saying…”「Aは〜と言っていると見なす」→「Aによると、〜だそうだ」は、ニュースでよく使われる形です。以下の例で確認してみてください。

You describe Jim Mattis as saying there is a big problem with Donald Trump. Describe what Mattis and Gary Cohn see as the big problem with Donald Trump.

あなたは書いておられますね、ドナルド・トランプには大きな問題があるとジム・マティス氏が言ったと。マティス氏とゲーリー・コーン氏は、ドナルド・トランプ氏の何を大きな問題と見なしているのかお聞かせください。

[EE 2018年12月号「名物記者ボブ・ウッドワードが語る トランプ政権の“恐るべき”真実」p.98]

1つ目の文でas sayingが使われていますね。ちなみに、ここで面白いのは2つ目の文でも“動詞 A as B”が使われていることです(Aに相当する名詞がwhatになっているので、what 主語 see as Bの形になっています)。

このように、“動詞 A as B”の形はEEで何度も登場しています。ほんのわずかながら例外もありますが、それは次項で詳しく解説します。

学んだことを生かしてCNNニュースを読み解こう ▶

CNNニュースで力試し！ 38

欧米式の食文化において、牛肉は不可欠に近い存在だ。しかし、米国では、牛肉に代わる食材として、植物性タンパク質で作られた「人工肉」が普及し始めている。牛肉の消費・生産を減らそうとする取り組みの背景には、環境保護と人々の健康向上という2つの主要な目的がある。

In the United States, the burger has been both celebrated as an American favorite but also denigrated as unhealthy. Americans eat nearly 60 pounds of beef per year, which stacks up to a couple hundred hamburgers.

The rise of a new generation of meat is predicted to change not only the beef industry itself but also the entire global food production system. Take a look at these three burgers over here. Only one of them is actually made from beef, the other two from plant proteins.

I've come to the Beyond Meat headquarters in El Segundo, California, to see the substance and the science behind this movement.

"We have to solve this protein issue if we're going to have a sustainable planet, if we're going to have a healthy population.

(Ethan Brown, founder and CEO, Beyond Meat)

[EE 2019年11月号「巨大産業に発展か？ 台頭する『人工肉』市場」p.72]

- ☐ **denigrate** 〜を悪く言う、侮蔑する、けなす
- ☐ **stack up to** 積み重なって〜になる
- ☐ **be predicted to do** 〜すると予測される、予想される
- ☐ **entire** 全体の、全部の
- ☐ **plant protein** 植物性タンパク質
- ☐ **substance** 内容、実体
- ☐ **sustainable** 持続できる、維持できる

和訳

アメリカでは、ハンバーガーは、アメリカ人の大好物として称えられているのみならず、不健康なものとして悪くも言われています。アメリカ人は（1人当たり平均）年間60ポンド近くの牛肉を食べていますが、それはハンバーガー約200個分に相当します。

新世代の肉の登場は、牛肉産業自体を変えるだけでなく、世界の食料生産システム全体を変えることが予想されています。こちらにある3個のハンバーガーをご覧ください。実はこのうち1つだけが牛肉から作られたもので、残りの2つは植物性タンパク質で作られています。

私は、カリフォルニア州のエルセグンドにある「ビヨンド・ミート」社の本社にこうした動向の背景にある（人工肉の）実体と科学を把握するためにやってきました。

「私たちはこのタンパク源の課題を解決しなければならないんです、持続可能な地球を実現するには、そして皆さんの健康を維持するにはね」

（イーサン・ブラウン　ビヨンド・ミートの創業者兼CEO）

アメリカ人は1人当たり年間60ポンド（約27.2キログラム）近くの牛肉を消費しているという。これはハンバーガー約200個分に相当し、まさに彼らの食生活にとって欠かせない食材と言える（上）。植物由来の代替肉メーカー最大手ビヨンド・ミート社の創業者兼CEOのイーサン・ブラウン氏（右）

39 知らない単語を「形から」予測する（後編）

英語の世界では、“動詞 A as B”という形をとったとき、その動詞は原則的に「(AをBと) 見なす」という意味になる、という隠れたルールを解説したのが前項の内容でした。

これは知らない動詞が出てきたときに大活躍してくれます。まずは復習を兼ねて、EEの例で確認してみましょう。

And history suggests this truly may not be a crazy idea. In 1867, the US bought another huge, cold place, which was mocked as a folly, but Alaska has worked out pretty well for American interests.

そして、これ(グリーンランド購入の話)が必ずしも突拍子もないアイデアではないと歴史は示唆しています。1867年、アメリカは別の広大な厳寒の地を購入し、それはばかげた行動だと笑われました。しかし、(購入した地)アラスカはアメリカに大きな利益をもたらしました。

[EE 2019年12月号「正気か狂言か トランプ大統領の『グリーンランド購入』発言」p.62]

真ん中にある、which was mocked as...のmockは少し難しい単語です。しかしその意味を知らなくても、was mocked as...という形(“動詞 A as B”の受動態)だと気付ければ、「～だと見なされた」という意味を取れてしまうのでしたね。

例外を考える

この“動詞 A as B”はEEに頻繁に登場するので、「見なす」で意味を取るのはとても便利ですが、わずかながら例外があります。今からそれを詳しく解説しますが、「どれが例外?」ということを気にしなくても、実際には「見なす」と考えると意味がまったく通らないので、すぐに例外だということに気付けます。ですから、あまり肩肘張らずに読んでください。

“動詞 A as B” の例外

① S strike 人 as / S impress 人 as	「Sは 人 に～という印象を与える」
② S replace O as	「～として、SはOの代わりになる」

①の “S strike / impress 人 as” は、共に「印象を与える」という意味です。

「見なす」の “動詞 A as B” の場合、A＝Bになるのですが、このstrike / impressの場合は、“主語＝B” の関係になります。

This plan strikes me as reckless.

私にはその計画は無謀に思える。

※asの後に形容詞がくることがあるのはp.222で触れました。

replaceの新しい覚え方

replace O asの説明をする前に、replaceという動詞そのものについて解説します。replaceという単語は、「取って代わる、取り換える」と訳されることが多いですが、「～を取り除く」というイメージを持ったほうが理解しやすいのでしたね（p.186）。『Oxford Advanced Learner's Dictionary』では次の記述があります。

- **to <u>remove</u> somebody or something and put another person or thing in their place**
- **to <u>change</u> something that is old, damaged, etc. for a similar thing that is newer or better**

remove（取り除く）やchange（変える）で説明されていますね。replaceの直後にきた名詞を取り除くイメージを持つといいでしょう。S replace O as「SがOを<u>なくす</u>、～として」→「～として、SがOの代わりになる」という意味になります。EEの文で確認してみましょう。

Elon Musk has been replaced as chairman of the board of Tesla, the electric-car company that he founded.

イーロン・マスク氏は、彼が設立した電気自動車メーカー、テスラ社の取締役会長の座を更迭されました。

[EE 2019年3月号「迷走するカリスマ経営者 テスラのイーロン・マスクが会長職辞任へ」p.71]

replace O asの受動態で、S is replaced asなので「Sは取り除かれた、～として」と意味を取ればOKです。

例外はいくつかありますが、頻繁に見かけるのはstrike/impress/replaceぐらいなので、この3つをチェックしておけば心配はありません。ただ、かつてEEですさまじい記事を見たので、ここでシェアしたいと思います。

Kristie Lu Stout: And we have breaking news out of Tokyo, where Nissan's board has unanimously voted to oust Carlos Ghosn as chairman.（中略）And Kaori, as expected, the board of Nissan has dismissed Ghosn as chairman.

Kaori Enjoji: That's right. This is an end of an era for Nissan and Carlos Ghosn—and this is the celebrity CEO who helped turn around and save Nissan from the brink of bankruptcy nearly 20 years ago—his board convening specially today here in Japan and voting unanimously to remove him as chairman of the company.

クリスティー・ルー・スタウト：さて、東京からニュース速報です。日産の取締役会は、カルロス・ゴーン会長を解任することを全会一致で決議しました。（中略）香さん、予想されたとおり、日産の取締役会はゴーン会長を解任しましたね。

円城寺香：そのとおりです。日産およびカルロス・ゴーン氏にとって、一時代の終わりです。ゴーン氏は20年近く前に、倒産の危機にあった日産を再建し、同社を救済するのに功のあった有名なCEOです。ここ日本で本日、彼の会社の臨時取締役会が開かれ、氏を会長職から解任することが全会一致で決議されました。

[EE 2019年2月号「日産ゴーン会長、逮捕・解任 日仏の政治問題にも発展か？」p.78]

strike/impress/replace以外の例外が3つも、しかも1つの記事に出てきました。こんなのを見ると不安になるかもしれませんが、oust「追放する」、dismiss「追放する」、そして先ほど触れたremoveですから、どれも基本的にreplaceと同じと考えて処理できるのです。実際、EEの語注には3つとも一字一句同じ「AをB(役職など)から追放する」とありました。

以上、"動詞 A as B"は「見なす」と考えて、strike/impress/replace系統の動詞に注意すれば怖いものはないでしょう。

学んだことを生かしてCNNニュースを読み解こう▶

CNNニュースで力試し！ 39

電気自動車、太陽光発電、宇宙ロケットなど革新的な事業に挑戦し続けているカリスマ経営者、イーロン・マスク氏。最近はツイッター上の発言で物議を醸すことが多く、経営者としての資質を問われている。強大な力を手にしてきた男が初めて苦渋を味わうこととなった。

Elon Musk has been replaced as chairman of the board of Tesla, the electric-car company that he founded. The SEC reached an agreement with Musk to step down after accusing him of misleading investors, but he does get to stay on as CEO. CNN's Clare Sebastian with more.

* * *

For a man intoxicated with power, the kind that fuels electric cars and helps solve rolling Australian blackouts, coping with a reduction in his own power is new for Elon Musk.

[EE 2019年3月号「迷走するカリスマ経営者 テスラのイーロン・マスクが会長職辞任へ」p.71]

□ replace	～を更迭する
□ chairman	会長
□ board	＝board of directors 取締役会
□ found	～を設立する、創立する
□ SEC	＝Securities and Exchange Commission 証券取引委員会
□ step down	辞任する、(地位などから)身を引く
□ accuse ... of doing	～したとして…を非難する
□ get to do	～できるようになる、～する機会を得る
□ stay on	(職に)居座る、留任する
□ intoxicated with	～に酔いしれた、心酔した
□ fuel	～の動力源となる
□ rolling blackout	繰り返される停電

和訳

イーロン・マスク氏は、彼が設立した電気自動車メーカー、テスラ社の取締役会長の座を更迭されました。SEC（米国証券取引委員会）とマスク氏は、彼が会長職を辞任することで合意に達しました。マスク氏が投資家たちに誤ったことを信じ込ませたとするSECの訴えを受けてのことです。それでも、彼はCEO（最高経営責任者）の座にとどまることができます。CNNのクレア・セバスティアン記者がお伝えします。

＊　＊　＊

「力」に酔いしれてきた1人の男。その力（電力）によって、電気自動車を動かし、オーストラリアで繰り返される停電を解決に導いてきました。そんな男、イーロン・マスク氏にとって、自分の力（権力）が削がれることに対処するのは初めてです。

テスラ社の創業者、イーロン・マスク氏

40 受動態の本当の姿（前編）

受動態ほど勘違いされている単元はない

今回のテーマは「受動態」です。英文法が苦手という人はたくさんいますが、苦手な単元といえば、不定詞や関係代名詞などがよく挙がる一方、受動態が苦手だという人はほとんどいません。しかし実際には、受動態ほど勘違いが横行している単元もないと言えるかもしれません。例えば一般的な受動態のイメージといえば、次のようなものです。

■受動態には通常 “by＋動作主” がつくが省略されることもある。

■受動態の形（be＋過去分詞）は「～される」と訳せばいい。

受動態の授業ではこの2つが強調された、という人も多いはずです。しかし、これはとんでもない誤解なんです。今回はその誤解を解いていきますが、まずはCNNニュースで使われた受動態の文を見てみましょう。きっちりと意味を考えて、できれば自分でも日本語訳を書いてみてください。

<u>This entire area was evacuated</u> back in 1986 after the then Soviet Union acknowledged the catastrophic release of radiation from Chernobyl reactor No. 4.

昔、1986年に、<u>人々はこの地域全体から避難しました</u>。当時のソビエト連邦政府が、チェルノブイリ原子力発電所4号炉からの壊滅的な放射能放出を認めた後のことです。

［EE 2019年11月号「過去の教訓を伝えられるか？ 観光地化するチェルノブイリ」p.65］

This entire area was evacuatedの部分が受動態になっています。evacuateは難しい単語ですが、知っている人も「避難する、立ち退く」くらいの訳語で覚えているかと思います。その訳でこの文を直訳してみようとすると、「この場所全体（This entire area）は避難された（was evacuated）」となってしまうのではないでしょうか。

とはいえ、実際には大半の方が、areaとevacuateという単語の組み合わせと、チェルノブイリ原発事故の知識から「(人々が)場所から避難した」のだろうと予想して、それで意味が通ってしまうので、細かい文法はうやむやにしてしまうのではないかと思います。しかし、それでは受動態の本当の姿は見えてきませんので、ここでじっくりと受動態とは何のために使われるのかを解説していきます。

受動態を使う「理由」がある

受動態を使う「理由」

(1)主語を言いたくない　※"by＋動作主"を使わない

①主語が明らか

②主語を隠して「責任逃れ」

③主語が不明

(2)主語→目的語の位置を変えたい　※"by＋動作主"を使う

①主語を「出し惜しみ」して強調したい

②目的語を前に出したい

受動態が使われるのには、しかるべき理由があり、大きな理由として以上のようなものがあります。このように羅列されると大変に感じるかもしれませんが、大きく分けると、「(1)主語を言いたくない」と「(2)主語→目的語の位置を変えたい」というのが受動態を使う理由です。

まず(1)の「主語を言いたくない」を説明します。そもそも英語では、主語から文を始めるのが基本です。ただ、時には「主語を言いたくない」、「言いづらい」という場面もあるわけで、そのときに受動態が使われます。この「主語を言いたくない」理由をさらに分けると次のようになります。

❶ 主語が明らか

例えば、English is spoken in Canada.という文はby peopleが省略されていると習います。このpeople「カナダの人たち」はわかりきったことで、あえて示す必要がないので、主語を省略できる受動態が使われるのです。

もっとわかりやすい例は、I was born in Tokyo.「私は東京で生まれた」という文です。このI was bornは受動態です。bornは、bear「生む」の過去分詞形(bear-bore-born という変化)です。ちなみに日本語「生まれる」も「れる・られる」という受動態の形ですよね。もちろんここで省略されているのは、by my motherです。あまりにも明らかなことなので、これを明示してしまうと、かえって不自然な文になってしまいます。

❷ 主語を隠して「責任逃れ」

会議などの場でI think that...と発言すると、「私の考え」だということが明示されます。つまり、その発言に責任が生じるわけですが、もしこれを受動態の It is thought that... にすると、主体であるIが隠れ、まるで「(私だけの意見ではなく)世間一般で考えられていることですよ」といったニュアンスになるのです。言ってみれば「責任逃れ」ができるのです。この形は、物事を客観的に語りたい論文などでも多用されています。

❸ 主語が不明

He was killed in the war.「彼は戦争で亡くなった」という文は、戦争中に命を落としたことは確かでも、具体的に誰に殺されたのか(killの動作主)は不明ですね。このような不確定要素がある場合にも受動態が好まれるわけです。

以上のように、細かい意図は違うものの、「主語を言いたくない」ときに受動態という形はたいへん都合がいいのです。だからこそ実際の英文では、“by＋動作主” がない受動態のほうが多いのです。せっかく主語を隠したのに、“by＋動作主” で主体を明示してしまったら本末転倒ですよね。

CNNニュースの例を見てみよう

ここで、冒頭の例に戻りましょう。This entire area was evacuatedの後は、back in 1986という副詞句（ちなみにpp.97-101で解説した「副詞の同格用法」です）がきて、その後もafterが作る副詞節がきているのです。つまり“by＋動作主”は明示されておらず、「主語を言う必要がない（主語が明らかな）」ために受動態が使われたと考えることができます。

この文の場合、元の形は“主語＋evacuated this entire area”ですから、主語が「この地域に住んでいた人たち」だというのは明らかですよね。

そういった理由から受動態が使われているわけなので、無理に「される」と訳す必要もないのです。元の文意を意識して、「（この地域に住んでいた人たちは）この地域から避難した」と意味を取ればいいのです。実際、EEの和訳では「人々はこの地域全体から避難しました」と「人々は」を補い、元の意味に沿いつつ自然な日本語になるよう能動態で訳しています。この受動態の感覚は英語ネイティブにとって普通のことであり、CNNのニュースでも当然のように使われているわけです。

さて、今回はここまでですが、まだ「（2）主語→目的語の位置を変えたい」を説明していませんし、“by＋動作主”を省略した受動態の英文が多いとはいえ、もちろん“by＋動作主”を伴うケースも存在するのは周知の通りです。では、“by＋動作主”が使われるのはどんな場面なのか、といったことは次項で解説していきたいと思います。

学んだことを生かしてCNNニュースを読み解こう ▶

CNNニュースで力試し！

史上最悪の原子力災害発生地チェルノブイリ(チョルノービリ)は、1986年の爆発事故以来、発電所の周囲4000平方キロメートルが立ち入り禁止区域となっていた。しかし近年、米ドラマの影響で観光地として注目され、多くの若者が訪れている。

※p.60と同じニュースからの引用です。

It used to be a nursery school for the children of Chernobyl. Now, it's one of the morbid attractions for the tourist hordes exploring this nuclear exclusion zone, their beeping radiation alarms part of the creepy experience. This entire area was evacuated back in 1986 after the then Soviet Union acknowledged the catastrophic release of radiation from Chernobyl reactor No. 4.

[EE 2019年11月号「過去の教訓を伝えられるか？ 観光地化するチェルノブイリ」p.65]

□ **nursery school**	保育園
□ **morbid**	(死などへの)異常な興味に訴える
□ **horde**	(騒がしい人などの)大群
□ **explore**	～を探検する、探索する
□ **exclusion zone**	立ち入り禁止区域
□ **beep**	ビーッという音を出す
□ **radiation alarm**	放射線警報器
□ **creepy**	気味悪い、身の毛のよだつような
□ **evacuate**	(場所から)避難する、立ち退く
□ **acknowledge**	～を事実だと認める
□ **catastrophic**	壊滅的な、大惨事の
□ **reactor**	原子炉
□ **release**	放出
□ **radiation**	放射能

和訳

ここはかつてチェルノブイリの子どもたちの保育園でした。今は趣味の悪い観光地の1つとして、原発立ち入り禁止区域を探索する大勢の旅行者を引きつけていています。ビービーと鳴る放射線警報器も、気味の悪い体験の一部です。昔、1986年に、人々はこの地域全体から避難しました。当時のソビエト連邦政府が、チェルノブイリ原子力発電所4号炉からの壊滅的な放射線放出を認めた後のことです。

放射性廃棄物を閉じ込めるため、事故の起きた原子炉は「石棺」という構造物に囲われている。しかしその石棺も老朽化が進んでいるため、現在は2016年に設置された、石棺全体を覆う巨大アーチ型のシェルターのみ外から目視できる

41 受動態の本当の姿（後編）

byを使う受動態はいつ使うのか？

従来、受動態といえば「〜される」と訳すのが当たり前だと思われ、“by＋動作主” が省略されるのは特殊なケースとして扱われてきましたが、それは完全なる誤解であり、受動態が使われるのには大きな理由があるということをすでに解説しました。

その理由とは、下の表の(1)と(2)の通り、大きく分けて2つあります。前項では、(1)の「主語を言いたくない」を説明しました。「主語を消したい」わけですから、“by＋動作主” を使わない受動態が圧倒的に多いのです。

受動態を使う「理由」

(1) 主語を言いたくない　※“by＋動作主” を使わない

①主語が明らか　②主語を隠して「責任逃れ」

③主語が不明

(2) 主語→目的語の位置を変えたい　※“by＋動作主” を使う

①主語を「出し惜しみ」して強調したい

②目的語を前に出したい

しかしそうは言っても、“by＋動作主” を伴う受動態も存在するのは事実ですよね。では、byを使う場合は話者のどのような気持ちが含まれるのでしょうか。それが、今回解説する(2)の「主語→目的語の位置を変えたい」です。さらに、主語と目的語の位置を変える理由には、ざっくり分けて2つあります。

❶ 主語を「出し惜しみ」して強調したい

簡単に言えば、英文においては、後ろに来るものが「出し惜しみ」される分だけ、情報としてより引き立ちます。Tom broke the window. という文なら、「窓」が引き立ちます。例えば、これは「トムは何を壊したの？」という問いに対する回答として使われるのです。

一方、The window was broken by Tom. であれば、「トム」が引き立ちます。これは「窓を割ったのは誰？」という問いに対する回答です。この発想は、テレビ番組でも使われる、This program is presented by... 「この番組の提供は…です」にも表れており、この文では “by＋動作主” で提供者が強調されていると理解すれば納得がいくでしょう。

❷ 目的語を前に出したい

これは①の「主語の出し惜しみ」とは反対で、むしろ「目的語を前に引きずり出す」ことを意図しています。例えば長文の中で、前の文と同じ主語でそろえたいときなど、「文の流れ」を重視したい場合に使われます。

さらに「目的語→主語」の順番で語った方がわかりやすいときもあります。例えば、次の英文の意味を一瞬で考えてみてください。

Wine followed the food.

食事とワイン、どちらが先に出てくるのか一瞬で読み取れましたか？　followを「追いかける」という訳だけで考えると混乱してしまうかもしれません。followは「先行するものを追いかける」という意味ですので、“後 follows 先.” という形を意識してください。つまり、wineが「後」、the foodが「先」に出てきたのです。当然のことながら、英文は「左から右」に読むので、この英文では、読む順番としてはwineが先、the foodが後となり、実際にwineとthe foodがお客に提供される順番とは逆になってしまいますね。そこでこの英文を受動態にしてみましょう。

The food was followed by wine.

このように主語と目的語の位置を入れ替えると、「食事→ワイン」の順番がはっきりします。

The food was followed by wine.

食事 → ワイン

「食事の後に、ワインが出てきた」

この場合は、「食前酒」ではなく、「食後のワイン（デザートワイン）」ということです。それゆえ、このbe followed byという受動態は頻繁に使われるのです。以下のような文もTOEICテストなどではおなじみです。

The awards ceremony will be followed by a banquet to honor the winners.

授賞式に続いて、受賞者を祝うための宴会が開かれる。

CNNニュースの例を見てみよう

さて、今回は "by＋動作主" を使った受動態の文について解説しました。CNNニュースで実際に使われた例を見てみましょう。

No because, despite Trump's boast about his business skills, Greenland is owned by Denmark and home to 55,000 people, whose autonomous government has tweeted...

「ノー」である理由は、たとえトランプ大統領が自分のビジネス手腕を自慢したところで、グリーンランドはデンマークによって領有されており、5万5000人がここに住み、そして同島の自治政府はこうツイートしています……

［EE 2019年12月号「正気か狂言か トランプ大統領の『グリーンランド購入』発言」p.61］

Greenland is owned by Denmarkという文に注目してください。by Denmarkが強調されている部分であり、「あくまでグリーンランドは、デンマークが所有しているのだ」という気持ちが伝わってくる文です。

これは、普通に英語を勉強している中学生なら誰でも「訳せる」英文ですが、この英文が持つ意図を意識して「感じる」ことができる人は、英語の上級者にも少ないと思います。皆さんにはぜひこの受動態の感覚を身につけてほしいと思います。

最後に、もう1つの例を確認してみましょう。

Young people have been largely swept away by the relentless current of China's urban migration.

都会へ都会へと向かう中国の人々の絶えざる流れに、若者の多くが押し流されてしまっています。

[EE 2019年5月号「進む超高齢化、人口は減少へ 中国『一人っ子政策』のツケ」p.66]

Young people have been largely swept awayは受動態ですね。have been swept awayの部分で「流された」と言って、その後に“by＋動作主”を使って「何に流されたのかというと…」と強調して伝えているのです。

われわれが目にする英文の中には膨大な数の受動態が使われています。しかし、果たしてどれほどの日本人が、英語ネイティブのメッセージを正確に受け取れているのでしょうか？　ネイティブが使っている受動態の意図を正確に理解するには、これまで解説した「受動態が使われる理由（主語を言いたくない、主語→目的語の位置を変えたい）」を理解している必要があるのです。

ここまでの解説を通して、単に「される」と訳すのが受動態の本質ではなく、「主語を消す」「あえてbyを置くことで強調する」「左から右へ情報を提示する」など、「受動態を使う本当の気持ち」が理解できたと思います。

ここまで読み取れるようになることで、無味乾燥な受動態の世界にも、話し手の気持ちがこもっているとわかるのです。

学んだことを生かしてCNNニュースを読み解こう ▶

CNNニュースで力試し！ 41

人口の急激な増加を抑えるべく「一人っ子政策」を進めてきた中国では高齢化が進み、人口はまもなく減少に転じると予測されている。地方の高齢者夫婦と都市部の子育て世代の夫婦を通して、現代中国社会の問題に迫る。

This is a brutal trudge for a healthy person, but for 68-year-old Qin Taixiao, stricken with emphysema and colon cancer, it's near torture. He keeps warm by burning firewood. It's cheaper than coal. "What can I say?" he says. "Life's all right. There's no other way."

That steely stoicism is common in China's rural villages, where life has only gotten tougher. Young people have been largely swept away by the relentless current of China's urban migration. Qin's children left for work years ago. He and his wife Sun Sherong carry on alone.

"It's difficult for our children to care for us," she says. "We don't want to become a burden."

[EE 2019年5月号「進む超高齢化、人口は減少へ 中国『一人っ子政策』のツケ」p.66]

□ **brutal**	過酷な、容赦ない、残酷な
□ **trudge**	長く苦しい歩行
□ **(be) stricken with**	（病気などに）かかっている
□ **emphysema**	肺気腫、気腫
□ **colon cancer**	結腸がん
□ **torture**	拷問
□ **steely**	断固たる、確固たる
□ **stoicism**	困難な事態を淡々とやり過ごす態度
□ **be swept away**	流される、さらわれる
□ **relentless**	絶え間なく続く、執拗（しつよう）な
□ **carry on**	継続する、やっていく
□ **burden**	重荷

和訳

　これは、健康な人にとっても過酷な道のりですが、肺気腫と結腸がんを患っている68歳のチン・タイシャオ（秦太孝）さんにとっては、拷問に近いものがあります。彼は薪《まき》を燃やして暖を取ります。石炭より安いのです。「何と言いましょうか」と彼は言います、「まあ何とか暮らしています。他にどうしようもありません」。

　その決然たるストイシズムは、中国の地方の村では珍しくありません。地方の村の生活は厳しさが増すばかりです。都会へ都会へと向かう中国の人々の絶えざる流れに、若者の多くが押し流されてしまっています。チンさんの子どもたちも、何年も前に仕事のために出て行きました。彼と妻のソン・シェロン（孫舎蓉）さんは、自分たちだけでやっています。

　「子どもたちに面倒を見てもらうのは難しいのです」と妻は言います、「重荷になりたくありません」。

北京から240キロ離れた農山村に暮らす68歳のチン・タイシャオさんにとって、1日に2回の薪（まき）運びは苦役だ（上）。何年も前に都会に出た子どもたちの重荷になりたくないと語る、チンさんの奥さんのソン・シェロンさん（左）

42 意味を5つも覚える必要はない！ be to構文

今回はEEの例から見ていきましょう。EE 2019年2月号の「中国で超リアルなAIキャスターがデビュー」というニュースの締めの文として、以下の英文が使われていました。どんな意味になるでしょうか？

問 **以下の英文を和訳してみましょう**

But, hey, that is what's to come. ＿＿＿＿＿＿＿＿＿＿＿＿＿＿＿＿

この文全体の構成は、thatが主語、isが動詞で、what's to come(というwhatがつくる名詞のカタマリ)が補語になっています。

that	is	what is to come.
S	V	C

what's to comeはwhat is to comeということで、このis toの部分は文法書で"be to構文"などと呼ばれる形です。参考までに、一般の文法書に書いてあるbe to構文の用法を示してみます。

"be to構文"の用法

①予定「～する予定」 ②意図「～するつもり」

③義務「～しなくてはいけない」 ④可能「～できる」

⑤運命「～する運命だ」

従来「be toという形には5つの訳し方がある」とされていて、おそらく5つの訳語を丸暗記した人も多いと思いますし、僕自身も高校時代はそう習いました。

そして、英文中でbe toの形を見たら、この5つの訳語の中から適したものを選ぶという方法がずっと使われてきたのです。英語上級者からすると「そんな古いことをホントにまだやってんの？」と思われるかもしれませんが、今もその様子は変わっていないと僕の予備校講師としての経験から断言できるほどです。例えば次の文は、be toで「予定」を表す、と言われています。

They are to be married.
あの2人は結婚する予定だ。

でも5つの訳語を丸暗記したところで、be toの本当の意味はわかりません。そもそも5つの意味を呪文のように覚えるのは苦痛ですし、英語ネイティブがそんなことをしているとも思えませんよね。ではどう考えればいいのでしょうか？

be toの核心は「～することになっている」

実は、be toの本当の意味は「これから～することになっている」だけなのです。toには「未来志向（これから～する）」というニュアンスがあります（ですから、want toは「これから～すること（to）を望む（want）」となるのです）。従って、be toを直訳すると「これから～する（to）状態である（be）」となるだけなのです。

以上から、皆さんは必ずしも「えっと…5つの訳語の中で今回当てはまりそうなのは…」なんて考える必要はないんです。文法書で示されている「予定・意図・義務・可能・運命」という意味は全て、この「これから～することになっている」の中に集約されているのです。必ずしも「予定」だとか「意図」というふうに、きれいに割り切れるとは限りません。むしろ、その5つの中の複数の訳語で解釈可能な場合や、いくつもの意味が混沌《こんとん》と絡み合っているのがbe toの本質なのです。

They are to be married.

△ あの2人は結婚する予定だ。

◎ あの2人は結婚することになっている。

例えば、この英文が持つニュアンスは、「結婚することになっている」と意味をとることで見事にbe toの意味が集約されています。主語の2人は「結婚する予定」であり、「結婚が可能」で、「結婚する意図」と「義務」があり、もはや「結婚する運命」にあるということなのです。

以上のように、今後はbe toの形を見たら、まずは「〜することになっている」と考えてみてください。ほとんどの場合はこれだけで十分であり、もっと言えばベストとも言えます。

参考までに少し細かい話をすると、大学受験の和訳問題や翻訳の世界では、英文や文脈によって、5つのうちのいずれかの意味を前面に押し出したほうがしっくりくる場合もあります。そのときになって初めて、「予定・意図・義務・可能・運命」という選択肢が頭の中に残っていれば、より緻密な和訳をつくることができるというだけなのです。

正しいニュアンスで正しく訳す

さて、be toの意味が確認できたところで、イントロの英文を見てみましょう。

But, hey, that is what's to come.

でも、まぁ、将来的にはそうなる(AIに取って代わられる)のだ。

[EE 2019年2月号「中国で超リアルなAIキャスターがデビュー」p.25]

what's to comeの部分は「これからやって来ることになっている(is to come)もの(what)」と解釈できます。これにthat isを加えると、「それこそが、これからやって来ることになっているものなのだ」となります。和訳の中ではこれを意訳して、「将来的にはそうなるのだ」となっています。

もう1つ、EEで使われた例を確認してみましょう。

Meng is to surrender her passports [and] agree to a curfew and 24-hour security that she will pay for.

(ファーウェイCFOの)孟氏は、パスポートを没収され、外出禁止および自費による24時間警護に同意させられることになる。

［EE 2019年3月号「中国ファーウェイCFO逮捕の背景」p.88］

andによって、surrenderとagreeが結ばれています。Meng is to surrender...and [is to] agree...となっており、2つのbe to構文があるわけです。

学んだことを生かしてCNNニュースを読み解こう ▶

CNNニュースで力試し！ 42

中国の通信大手ファーウェイの孟晩舟(メンワンツォウ)CFOが、アメリカの要請を受けたカナダ警察に逮捕されたことから、米中ならびにカナダと中国の間で緊張が高まっています。この事件の背景には何があるのでしょうか。

Well, a Canadian court has granted bail to the chief financial officer of Huawei, one of the largest telecom companies in the world. Meng Wanzhou posted a bond of $7.5 million ahead of a hearing for extradition to the United States. Now, she's accused of helping her Chinese company dodge U.S. sanctions on Iran. Meng is to surrender her passports [and] agree to a curfew and 24-hour security that she will pay for. Her arrest has sparked outrage in China, with allegations she's being used as a bargaining chip in the trade war with the United States.

[EE 2019年3月号「中国ファーウェイCFO逮捕の背景」p.88]

□ grant A to B	AをBに許可する
□ bail	保釈
□ telecom	電気通信業の
□ post	(保釈金などを)納める、支払う
□ bond	保証金、保釈金
□ extradition	(犯罪者などの)引き渡し、送還
□ dodge	～をうまく回避する、かわす
□ sanction	制裁
□ surrender	～を(当局に)渡す、差し出す
□ curfew	外出禁止
□ allegation (that)	～という申し立て、主張
□ bargaining chip	取引材料、駆け引き材料

和訳

さて、カナダの裁判所は、世界屈指の通信事業者ファーウェイの最高財務責任者(CFO)の保釈を許可した。孟晩舟氏は、米国送還のための聴聞を前に、750万ドルの保釈金を納めた。彼女は、米国の対イラン制裁を中国企業である自社がかいくぐるのに手を下した容疑がかけられている。孟氏は、パスポートを没収され、外出禁止および自費による24時間警護に同意させられることになる。孟氏は米国との貿易戦争の駆け引きに利用されたとして、彼女の逮捕は中国で激しい怒りを巻き起こした。

2018年12月にカナダ・バンクーバーの空港で逮捕されたファーウェイCFOの孟晩舟氏(左)。ファーウェイの端末を使って中国が外国の情報を盗んでいるとの疑惑があるが、中国政府はこれを真っ向から否定している(左下)。孟CFOは、米中の貿易戦争・情報戦争のあおりを食ったという人もいる(右下)

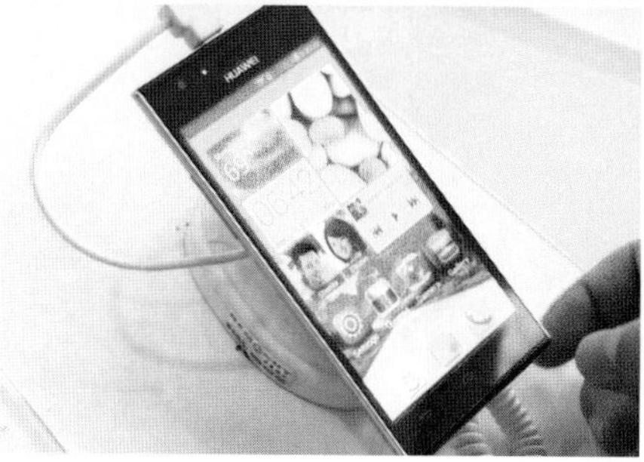

43 比較対象の省略現象（前編）

Never More Timelyの意味は？

このNever More Timelyは、EEの「CNNニュース・セレクション」のタイトルに使われた表現*ですが、どういう意味だと思いますか？ ヒントの代わりに、同じ特徴をもつEEでの例をもう1つ見てみましょう。

* EE2018年2月号「ノーベル平和賞にICAN 核兵器禁止条約の採択に貢献」p.58

In a post-truth, stressed-out world, sorting fact from fiction has never been more important.

［EE 2019年11月号「アンナ＆オーラ・ロスリング『世界は思うほど悪くない』」p.93］

これはインタビューの冒頭で出てきた英文なので、最初のタイトル同様、一切の文脈を考慮することなく理解が求められるものです。

最後のヒントです。今回のポイントが使われた慣用表現です。大学受験生の間での認知度では半々といったところですが、英語上級者であれば、知っている人もたくさんいると思います。知らない方は予想を、知っている方はなぜそんな意味になるのかを考えてみてください。類例をもう1つ。

A：How's it going?
B：It couldn't be better!
A：調子どう？
B：＿＿＿＿＿＿.

では解説をしていきます。まず最後のIt couldn't be better!ですが、よくある勘違いは、notとbetterから「良くない」と思ってしまうものです。実はこれは「絶好調だよ」という意味ですが、決まり文句として暗記するのではなく、きちんとその理屈を理解しないと、上のCNNの英文では通用しません。確かにnot＋goodなら「良くない」という意味になるのですが、今回のnot＋betterでは事情が異なります。betterは比較級なので、than...が省略されているわけです。

ここではthan now「今（の私）より」くらいの省略を補って、It couldn't be better (than now). と考える必要があります。直訳すると、「今より（than now）良い状態（better）なんて、仮の世界でもあり得ない（couldn't be）」→「もうこれ以上、上がりようがないほど良い」→「絶好調」となるのです。主語のItは訳さなくてOKで（状況のit）、couldは仮定法のニュアンスで「仮の世界でも」となります。

ちなみにこの表現は、主語が省略されたCouldn't be better. や、多少の変形と省略が起きたNever better. という形でも使われます。

A：How are you doing?
B：Never better.
A：調子どう？
B：絶好調。

than nowやthan thisを補う

It couldn't be better!での「比較の相手・比較対象（than...）を補う」という発想は、普通の文でも同じです。省略された内容はその都度、文脈から考えるのが理想ですが、実際はthan nowかthan this（このthisは「今言ったこのこと」）を機械的に補えばほとんどのケースで解決します。

It couldn't be better＋**(than now/than this).**

この視点から冒頭の2題を見てみましょう。

最初のNever More Timelyを直訳すると、「(これよりも)タイミングが良いものは決してない」→「タイミング、バッチリ」となります。もっと美しい日本語に仕上げたいところですが、とりあえず内容を正確に理解するという意味では、これで及第点でしょう。ちなみにニュースの内容は、核兵器の脅威が高まる中、ノーベル平和賞に「核兵器廃絶国際キャンペーン(ICAN)」が選ばれたというものでした。

2つ目に取り上げた英文は、最後のhas never been more importantでやはり比較級があるにもかかわらず、than...が省略された形です。EEの和訳では以下のようになっています。

「ポスト真実」時代の、ストレスで疲弊した今の世界では、事実と作り話とを見分けることがかつてなく重要になっています。

「かつてなく(重要になっています)」と補われていますね。「今よりも(重要だったことがない)」をこのようにきれいにまとめているわけです。ダメ押しで、さらにEEの例を見てみましょう。

Obama writes that his predecessor, George W. Bush, could not have been more gracious during their transition, that Bush's daughters, Jenna and Barbara, gave Obama's daughters, Sasha and Malia, their own tour of the White House.

オバマ氏は、彼の前任者、ジョージ・W・ブッシュ氏が政権移行期にこれ以上ないほど寛大な態度で接してくれ、ブッシュ氏の娘、ジェンナとバーバラが、オバマ氏の娘、サーシャとマリアにホワイトハウスを特別に案内してくれたと書いています。

[EE 2021年3月号「バラク・オバマ元大統領、回顧録『Promised Land』を刊行」p.66]

こちらは過去のことなので、could not beが could not have beenになっていますが、省略を補う発想はもちろん同じです（ここは厳密にいえばthan he wasくらいが適切でしょう）。和訳では「これ以上ないほど」と工夫がなされているのがわかりますね。

次項はこの発想を使って、さらに他の表現を捉え直したり、比較級以外での「比べる相手の省略」を解説していきます。

学んだことを生かしてCNNニュースを読み解こう ▶

CNNニュースで力試し！

2009～2017年に米国大統領を務めたバラク・オバマ氏が回顧録『Promised Land』を刊行した。オバマ政権で副大統領を務めた新大統領ジョー・バイデン氏への信頼の気持ちや、ドナルド・トランプ氏らが喧伝した出生地疑惑、妻ミシェル・オバマ氏などについて語る注目作だ。

Obama writes that his predecessor, George W. Bush, could not have been more gracious during their transition, that Bush's daughters, Jenna and Barbara, gave Obama's daughters, Sasha and Malia, their own tour of the White House. Quote: "President Bush would end up doing all he could to make the 11 weeks between my election and his departure go smoothly."

[EE 2021年3月号「バラク・オバマ元大統領、回顧録『Promised Land』を刊行」p.66]

□ **predecessor**	前任者
□ **gracious**	寛大な、親切な、丁重な
□ **transition**	移行、推移、変遷
□ **give A a tour of B**	AにBを案内する
□ **quote**	引用始め
□ **end up doing**	結局～する
□ **departure**	退任、離任

和訳

オバマ氏は書いています、彼の前任者ジョージ・W・ブッシュ氏が政権移行期にこれ以上ないほど寛大な態度で接してくれ、ブッシュ氏の娘ジェンナとバーバラが、オバマ氏の娘サーシャとマリアにホワイトハウスを特別に案内してくれた、と。「ブッシュ大統領は、私の当選から彼がホワイトハウスを去るまでの11週間、（政権移行が）スムーズに進むように全力を尽くしてくれたのだ」

オバマ元大統領（上）が回顧録を刊行した。同書では、トランプ氏（左）がしつこく唱えた「出生地疑惑」や妻のミシェル氏（右）への思いなどもつづられている

44 比較対象の省略現象（後編）

I couldn't agree more. の意味は？

前項で、It couldn't be better! という決まり文句について取り上げました。notとbetterから「良くない」と考えるのは間違いで、比較級betterに注目することでthan now「今（の状態）より」くらいの省略を補って、It couldn't be better [than now]. から、「今より良い状態なんて、仮の世界でもあり得ない」→「もうこれ以上、上がりようがないほど良い」→「絶好調」となることを解説しました。その復習を兼ねて、別の決まり文句である、I couldn't agree more. の意味はどうなるか考えてみてください。

英語上級者なら「大賛成です」という意味をすでに覚えている人もたくさんいると思いますが、そういう人ほど、理屈を考えてみましょう。

当然これも、比較級moreに注目して、than thisまたはthan I doなどを補い、「これよりもっと（more than this）賛成することは、仮の世界でもできない（couldn't agree）」→「大賛成」と考えてほしいところです。

理屈を理解していれば応用が利く

では、慣用表現ほどはあまり見かけない比較表現を確認してみましょう。次の表現はどんな意味になるでしょうか？

It couldn't be worse!

「It couldn't be better! の逆だから」と考えることもできますが、それは結局、丸暗記英語ですし、何より英語の仕組み・根底に潜む話者の気持ちがまったく見えてきませんよね。

皆さんは、当然この場合も、比較対象の省略から考えてみてください。すると、直訳「今より（than now）悪い状態（worse）なんて、仮の世界でもあり得ない（couldn't be）」→「最悪だ」となるわけです。ちなみにこれは、海外の空港で飛行機の欠航アナウンスが流れたときに、僕の横にいた女性が口にしていた言葉です。

earlier this monthの意味は？

以下の表現は、それぞれどんな意味になるでしょうか？

① early this month
② earlier this month

これも英語上級者の中には「聞いたことがある」という人もいるでしょう。しかし、やはり意味を暗記している人が大半だという印象です。もちろん違いは比較級かどうかですので、そこに注目していきましょう。

まず、① early this monthは、early「（時期が）早い」から、「（その月の）上旬くらい」を指します。同じ発想で、early in August「8月の初旬に」などもよく使われます。

ところが② earlier this monthの場合は、比較対象の省略を考えないといけません。earlier this month [than now] と解釈する必要があります。これは単に「今よりも早く」ということで、もしearlier this monthと発言したのが月末であるならば、「20日ごろ」も十分に含まれるのです。

as ～ as ...でも省略は起きる

比較対象の省略が起きるのは、than... だけでなく、as ～ as ... の後半のas ... でも同じです。nowやthisで省略を補う発想も同じです。

比較対象の「省略」と「補い方」

-er ~~than~~ ...	➡	-er ＋ than this（もしくはnowやit is）
as ～ ~~as ...~~	➡	as ～ ＋ as this（もしくはnowやit is）

EEで使われた例を見てみましょう。

This law, Roe versus Wade, had been e...has been in effect for 50 years, yet this country is as divided now as it was 50 years ago. Why? Because this is wrong.

＊ ＊ ＊

It's not true that people are just as divided. I mean, Anderson just put up a poll—it's a Fox News poll—that 57 percent of Americans don't think that Roe v. Wade should be overturned.

この「ロー対ウェイド」判決による法的解釈は50年間有効とされてきました。しかし、この国では、50年前と同じくらい今も(この判決に関しての)意見は割れています。なぜなのか。それは、これ(妊娠中絶という行為)が間違っているからです。

＊ ＊ ＊

国民の意見が(50年前と)同じくらいに割れているというのは間違いです。というのも、アンダーソンが先ほど世論調査の結果を挙げましたね。それはFOXニュースの世論調査の結果ですが、アメリカ人の57%は、「ロー対ウェイド」判決を覆すべきではないと考えています。

[EE 2019年9月号「あまりに厳しいアラバマ州の中絶禁止法 施術の医師は禁固99年の可能性も」p.101]

前半では、as divided now as it was 50 years agoと、as ～ as ...の形で使われていますが、それを受けた後半では、just as dividedで文が終わっていますね。

文脈上、比較対象は「50年前」だとわかるので、just as divided [as they were 50 years ago]という省略がなされているのです。そして、和訳にはカッコ内で「50年前と」と補われているわけです。

学んだことを生かしてCNNニュースを読み解こう▶

CNNニュースで力試し！

アラバマ州で「全米で最も厳しい中絶禁止法」が成立した。性犯罪や近親相姦による望まない妊娠の場合でも中絶は認められず、中絶手術を執刀した医師は、10年以上、最長で99年の禁固刑に処される。トランプ政権のもと、最高裁判事の人員構成が保守派優勢となったことも作用し、他の州でも中絶禁止法が成立した。

Rick Santorum: All rapes are horrible, but you can take the most horrible rape and, according to the Supreme Court, the death sentence is cruel and unusual punishment, but the child who's conceived as a result of that can be killed.

This law, Roe versus Wade, had been e...has been in effect for 50 years, yet this country is as divided now as it was 50 years ago. Why? Because this is wrong.

Kirsten Powers: It's not true that people are just as divided. I mean, Anderson just put up a poll—it's a Fox News poll—that 57 percent of Americans don't think that Roe v. Wade should be overturned.

[EE 2019年9月号「あまりに厳しいアラバマ州の中絶禁止法 施術の医師は禁固99年の可能性も」pp.100-101]

□ horrible	恐ろしい、むごい
□ death sentence	死刑
□ cruel	冷酷な、非情な、無慈悲な
□ unusual	普通でない、異常な
□ punishment	処罰、刑罰
□ conceive	(子どもを)身ごもる、授かる
□ be in effect	効力のある、施行されて
□ divided	分裂した、意見が割れた
□ overturn	～を覆す

和訳

リック・サントラム(元上院議員)：　レイプはどんな場合でも極めて非道なものです。しかし、どんなに恐ろしいレイプ犯罪に対しても、最高裁判所の判断によると、死刑は冷酷で異常な刑罰とされるのに、その(犯罪の)結果できた(お腹の中の)子どもは(中絶で)殺されても問題はないというのです。

この「ロー対ウェイド」判決による法的解釈は50年間有効とされてきました。しかし、この国では、50年前と同じくらい今も(この判決に関しての)意見は割れています。なぜなのか。それは、これ(妊娠中絶という行為)が間違っているからです。

キルスティン・パワーズ(CNN記者)：　国民の意見が(50年前と)同じくらいに割れているというのは間違いです。というのも、アンダーソンが先ほど世論調査の結果を挙げましたね。それはFOXニュースの世論調査の結果ですが、アメリカ人の57%は、「ロー対ウェイド」判決を覆すべきではないと考えています。

中絶禁止法に抗議してプラカードを掲げる人たち(ミネソタ州にて)

関正生（せき まさお）

1975年東京生まれ。埼玉県立浦和高校、慶應義塾大学文学部（英米文学専攻）卒業。TOEICテスト990点満点取得。リクルート運営のオンライン予備校『スタディサプリ』講師。全国の小中高生・大学受験生140万人以上に講義を、また、大学生・社会人にTOEIC対策の講義を行っている。著書は参考書・語学書・新書など多岐に渡り、130冊以上、累計300万部（韓国・台湾の翻訳出版もあり）。『CNN English Express』にて「あなたの英語にカクシンを！　関正生の『丸暗記いらず』英文法ゼミ」を連載中。

[EE Books]

CNNの生英語がわかる

「丸暗記いらず」カクシン英文法

2023年9月10日　初版第1刷発行

著　者　関《せき》 正生《まさお》

発行者　小川洋一郎
発行所　株式会社 朝日出版社
東京都千代田区西神田3-3-5
TEL: 03-3263-3321（代表）　FAX: 03-5226-9599
郵便振替 00140-2-46008
URL: http://www.asahipress.com/
eメール : ee@asahipress.com

本文デザイン　岡本 健＋（岡本 健、仙次織絵）
本文組版　有限会社 プールグラフィックス
装丁　岡本 健＋（岡本 健、仙次織絵）
表紙写真　曳野若菜
印刷・製本　図書印刷株式会社
音声録音・編集　ELEC（一般財団法人 英語教育協議会）

ISBN978-4-255-01336-7 C0082